政府法制与法治浙江

李　娜著

浙江工商大學出版社
ZHEJIANG GONGSHANG UNIVERSITY PRESS

图书在版编目(CIP)数据

政府法制与法治浙江 / 李娜著. — 杭州 ：浙江工商大学出版社，2016.1(2017.3 重印)
(法治浙江丛书)
ISBN 978-7-5178-1460-3

Ⅰ. ①政… Ⅱ. ①李… Ⅲ. ①社会主义法制－建设－浙江省 Ⅳ. ①D927.55

中国版本图书馆 CIP 数据核字(2015)第 306096 号

政府法制与法治浙江
李　娜著

出 品 人　鲍观明
责任编辑　吴岳婷　刘　韵
封面设计　许寅华
责任印制　包建辉
出版发行　浙江工商大学出版社
(杭州市教工路 198 号　邮政编码 310012)
(E-mail：zjgsupress@163.com)
(网址：http://www.zjgsupress.com)
电话：0571－88904980，88831806(传真)
排　　版　杭州朝曦图文设计有限公司
印　　刷　虎彩印艺股份有限公司
开　　本　880mm×1230mm　1/32
印　　张　4.625
字　　数　125 千
版 印 次　2016 年 1 月第 1 版　2017 年 3 月第 2 次印刷
书　　号　ISBN 978-7-5178-1460-3
定　　价　28.00 元

浙江工商大学出版社营销部邮购电话　0571-88904970

《“法治浙江”丛书》编委会

序　言

党的十八届四中全会通过的《关于全面推进依法治国若干问题的决定》明确提出全面推进依法治国的总目标，即建设中国特色社会主义法治体系，建设社会主义法治国家。习近平总书记指出："提出这个总目标，既明确了全面推进依法治国的性质和方向，又突出了全面推进依法治国的工作重点和总抓手。"法治成为政府治理、国家治理、社会治理的根本手段，同时法治又是人类共同追求的崇高理想目标。

中外历史经验表明，在国家法治建设的进程中，我们难免遭遇种种困难，理论的争锋、观念的冲突、旧制度的阻挡，以及利益的再分配，都会使法治建设的推进不是一条坦途大道。推行法治者不但需要义无反顾的壮烈情怀，还需要一往无前的探索勇气。

苏力教授在《法治及其本土资源》一书中说："真正能得到有效贯彻执行的法律恰恰是那些与通行的习惯、惯例相一致或相近的规定。"确实，实现法治的基本要求便是法律的有效执行，要使其融入民众的生活，就必须充分利用本土资源。这便是说，法治之路离不开地方性的探索与实践。

浙江是改革开放的先行者和排头兵，是中国经济社会发展最具有活力的省份之一，而且在法治建设方面浙江也一直敢立潮头，勇于实践。

2003 年 8 月起，在时任省委书记习近平的推动下，浙江省实行领导干部下访制度，变群众上访为领导下访，成为"法治浙江"建设的重要载体。2005 年，省委十一届九次全会，通过《中共浙江省委关于制定浙江省国民经济和社会发展第十一个五年规划的建议》，明确提出要"以推进'法治浙江'建设为载体，努力建设民主健全、法治完备、公共权力运行规范、公民权利切实保障的法治社会”。2006年，省委十一届十次全体（扩大）会议，又审议通过《中共浙江省委关于建设“法治浙江”的决定》。会议指出，省委提出并推进“法治浙江”建设，是根据中央的决策部署，对浙江现代化建设总体布局的进一步完善。2014年12月4日，省委十三届六次全会通过了《关于全面深化法治浙江建设的决定》，浙江进入了法治建设的快车道。

自习近平同志在浙江省提出“法治建设”决策近10年来，全省各地、各部门扎实推进“法治浙江”建设，依法执政水平明显提高，科学立法、严格执法、公正司法、全民守法等各方面均取得显著成效，走出了一条经济发达地区法治先行先试的新路子。今天，站在新的历史起点上，面对新的形势任务，浙江人民在浙江省委的领导下，乘势而上，浙江省委就全面深化“法治浙江”建设做出新的部署，明确了“路线图”，确定了“时间表”，全面推进“法治浙江”建设正向纵深发展。

宁波大学法学院的老师们受浙江省社会科学界联合会的委托，着手撰写“‘法治浙江’丛书”，旨在探寻“法治浙江”建设的曲折历程，展示“法治浙江”建设的丰富内容，揭示“法治浙江”建设的基本规律，总结“法治浙江”建设的成功经验与发展障碍，谋划“法治浙江”建设的新思路、新方案、新路径。

经过近一年酝酿策划、调研讨论和分工撰写，代表这一研究成果的十一个课题成果以丛书形式呈献给读者。相信这套丛书的出版，能让全国乃至世界了解“法治浙江”建设成果，同时也希望能够引起浙江乃至全国法学界、法律界人士总结“法治浙江”的经验，思考“法治浙江”的未来趋势，与我们一起共同把这一个课题做得更好、更深。

是为序。

沈满洪

2015年11月5日

注：作者为宁波大学校长

目　录

第一章　政府法制概述

第一节　政府法制的含义和内容

近几十年来，中国的经济高速发展，创造的物质财富远远超过20世纪前80年，同时，社会建设、政府建设也发生了全局性的变革。政府的角色、职能，政府与法律之间的关系发生了深刻变化。政府时刻都要运用法律，自身也必须遵守法律，因而，政府法制成为法学研究中一个宏大的样本，准确把握其内涵，修正认识误区，端正认识路径，具有重要的理论和现实意义。

一、政府法制的概念

政府法制是一个内涵比较丰富的概念。简而言之，政府法制是关于政府法律运行的体制、制度和机制的集成。它涵盖了政府的组织结构、职权职责、权利义务、活动方式、运行程序、法律救济等方面的多种多样的法律制度。根据学术界的研究，政府法制可以从以下角度加以分析和考察。

首先，政府法制的合法性源泉是宪法。根据宪法要求，政府拥有管理国家公共事务、社会公共事务和政府机关内部事务的职能，宪法、法律为此规定了政府的权利能力和行为能力。政府则运用这些法律去管理行政相对人，并管理政府内部事务。两者的重点不同，但是目标一致，相辅相成，目的都是完成宪法和法律赋予政府的使命。因此，依法行政、依法治官、依法自律是政府法制的核心主题。

其次，政府法制的外延包括立法、执法、监督以及提高公民法律意识等若干重要方面。从总体上看，政府作为权力机关的执行机关，是执行宪法和法律的行政机关，主要行使执行职能。为了更好地执行此项职能，宪法和法律赋予了政府立法权，在全面履行行政执法职能的同时，政府还要依法裁决法定的民事争议，在行政程序内解决行政争议，在司法程序内参与解决行政争议，在社会调解程序内解决各类法定争议。在我国法制建设呈政府推进型的条件下，政府还应该努力提高公民的法律意识（包括守法意识和维权意识）。为了确保政府法制的有效落实，政府法制不仅构建了接受外部监督的保障机制，还构建了自身的内部监督保障机制，即政府法制监督，它是以层级监督为基本特点的内部监督机制，并与外部监督相衔接。政府所运用的上述法律手段，既是各自独立的，又是相辅相成的，还是一个互联互动的完整链条上的环节，缺少其中任何一个环节，政府法制都是不完整的。

第三，从法律关系上看，政府法制主要归属于行政法律部门，是政府在管理国家事务时形成的，包括政治、经济、文化等内容的各种行政法律关系。因此，我们有时简单地把政府法制与行政法制等同起来，其实这种认识是不准确的。政府法制中确实是以行政关系为基础的，但比行政法的调整范围要宽泛得多。同时包含民事法律关系（调解）、刑事法律关系（刑事和解、社会矫正等）、非诉法律关系（信访、仲裁）、诉讼法律关系（诉前和解、调解）等多种法律关系综合化发展，这不只是我国的特例，也是一种世界性的趋势。

二、政府法制的内容

政府法制应该包括如下两方面的内容：其一是政府依法实行管理。管理的核心目标是提升政府工作的效率，实现低投入和高产出。其二是政府的法制化，即政府本身的法制建设。两者是有机联系的统一整体，互为条件，相互促进。一方面，政府依法实行管理有助于实现政府的法制化。另一方面，政府的法制化又有助于提高政府管理工作的效率。政府法制的核心目标是不仅要建立一个高效政府，而且还要建立一个法治政府，进而确保社会主义物质文明、政治文明、精神文明的协调发展，以实现经济、社会与环境发展的长期的整体的效益，这是贯彻落实科学发展观和构建社会主义和谐社会的治国理念和治国原则的要求。

三、政府法制的发展源流

改革开放30多年来，政府法制的发展与党和国家的大政方针政策始终保持着密切关联。从1978年党的十一届三中全会提出为了保障人民民主，必须“加强社会主义法制”，1993年党的十四届三中全会提出“各级政府要依法行政、依法办事”，1997年党的十五大要求“一切政府机关都必须依法行政”，政府法制逐步走向明确和具体，不断引向纵深。在这种自上而下的推进模式影响下，我国的各级政府法制在中央意志下有序、稳步推进。

同时，我国政府法制从起步即“开眼看世界”，将域外法制的先进经验和做法，以及具有一般意义的行政法治理念、原则作为制度建设的重要考虑因素。法学界翻译、介绍国外行政法著作，译介、讨论域外行政法原则、制度、规则的论文、著作，为中国政府法制的制度建构、改进提供了可靠参照。

第二节　党对政府法制建设的领导

一、新时期党的纲领路线对政府法制的指导

改革开放以来，我们党坚持马克思主义的思想路线，形成和丰富了“邓小平理论”、“三个代表”重要思想、科学发展观、习近平总书记系列重要论述等理论成果，共同构成了中国特色社会主义理论体系的主要内容。党的十八大以来，以习近平同志为核心的党中央坚持问题导向和科学思维，以革命家、政治家的战略眼光和全局视野，坚定中国自信、立足中国实际、总结中国经验、针对中国难题，提出了“四个全面”的战略布局，进一步探索和回答了“什么是

民族复兴”“怎样实现民族复兴”的基本问题，进一步深化了我们对共产党执政规律、社会主义建设规律和人类社会发展规律的认识，开辟了马克思主义中国化的新境界。“四个全面”战略思想的形成和发展是对中国共产党前期领导集体关于治国理政思想的继承和发展，是同“马克思列宁主义”“毛泽东思想”“邓小平理论”“三个代表”和“科学发展观”既一脉相承又与时俱进的理论，集中体现了马克思主义科学的世界观和方法论，是夺取中国特色社会主义胜利必须坚持和贯彻的重大战略思想。

“四个全面”包含全面实施依法治国的精神，即在中国共产党领导下，坚持中国特色社会主义制度，贯彻中国特色社会主义法治理论，形成完备的法律规范体系、高效的法治实施体系、严密的法治监督体系、有力的法治保障体系，形成完善的党内法规体系，坚持依法治国、依法执政、依法行政共同推进，坚持法治国家、法治政府、法治社会一体建设，实现科学立法、严格执法、公正司法、全民守法，促进国家治理体系和治理能力现代化。全面依法治国的总要求，不仅为政府法制工作注入了强大动力，也为政府法制建设带来了重要机遇。政府法制的建设，需要服从、服务于党的政策纲领确定的根本原则。

二、党对政府法制建设的基本要求

（一）政府法制建设的目的是维护权利

新中国成立后的一段时期，由于受传统政治思维和“以阶级斗争为纲”思想的影响，法治建设处于停滞，人们的法律意识较为淡薄，根本没有条件谈依法治国。随着党和国家工作中心的转变，党对法治的认识和尊重加深，提出在社会、经济、文化及公民个体权利等领域运用法律广泛地保护权利，并推动我国将“国家尊重和保障人权”写进《宪法》。党的十八大报告强调，必须坚持人民主体地位，发挥人民主人翁精神，实现以人为本，保证人民享有广泛的权利与自由。可见，法治中国建设将更加关注人的自由与全面发展，更加注重法律广泛地对人权的确认与保护。

（二）法治政府建设要建设较好的秩序

政府是一种特殊的政治现象，当前，政府的政治职能、专政强制力的范围与强度逐步缩小与减弱，政府成为社会调节的工具。党的十八大报告指出，要在“经济发展的基础上，加紧建设对保障社会公平正义具有重大作用的制度，逐步建立以权利公平、机会公平、规则公平为主要内容的社会公平保障体系，努力营造公平的社会环境”。可见，政府应当更加注重法律维护社会秩序功能的发挥，以保证作为主体的人最起码的生存与发展的权利。

（三）党要保持对政府法制建设的坚强领导

党的十八届四中全会提出，建设中国特色社会主义法治体系，要在各方面坚持和加强党的领导，党对政府法制的领导也是如此。如提出政府要坚持执法为民，要加强作风建设。执法是手段，为民是目的。坚决纠正从本部门、本地区利益出发，破坏国家法制统一的行为，保障法律的统一正确实施，维护正常的经济社会秩序。依法保护各类市场主体的合法权益，为它们提供平等的保护和法律服务。养成深入群众、服务群众、与群众打成一片的工作作风，专群结合，强基固本；强化人权保护意识，保障宪法和法律赋予人民群众的生存权、发展权、选举权、劳动权、受教育权等基本权利不受侵犯。完善各项执法监督制度，经常地、主动地、动态地监督执法人员的执法行为和作风，及时调查处理作风败坏和违法违纪问题；建立专项监督和党纪监督、人大监督、政协监督、舆论监督、群众监督的良性互动机制，形成内外结合、多层次、多方位的执法监督体系。要树立尊重群众、服务群众和经济社会发展大局的理念，倾听群众诉求，注重社会效果，规范执法以营造作风建设的氛围和条件，用良好的作风保证规范执法，实现刚性执法与柔性服务相结合，严厉打击违法犯罪与维护人民群众利益相结合，促进经济社会健康发展。

（四）党政领导干部要带头守法

领导干部带头守法是法治政府建设的关键。各级领导干部作为党的政策和国家法律的具体执行者，其一言一行对一般干部和群众有着巨大的示范效应。对领导干部而言，“带头”体现的是更高的标准、更严的要求、更实的作风。只有国家机关及其工作人员，特别是领导干部，带头遵守法律，用法律约束自己的行为，法律才有可能得到平等执行，法治精神才能得以彰显，法治信仰才能得以塑造，政法工作和法治中国建设的目标任务才能得以实现。①

改革开放以来，我国的法治建设有了长足的进步，法律法规体系逐步完善，有法可依、有法必依、执法必严、违法必究的法制秩序逐步得到巩固和加强。但一些党员干部特别是领导干部的法律意识还十分淡薄，不遵法守法，存在以言代法、以权代法的现象。党的纲领和政策强调各级党员干部要带头守法，要增强党员干部对法律的敬畏，带头遵守法律，带头依法办事，让权力在法治的框架内运行，带动全社会形成遵法、守法、护法的良好氛围。坚决查处执法犯法、违法用权等行为，用法律法规规范党员干部的行为。对于党员干部的违纪违法行为，要发现一起、查处一起，决不手软和姑息迁就。

---

① 《民主与法制时报》，2014年1月20日第1版。

第二章　浙江省政府法制建设的总体情况

浙江省较早提出了建设法治浙江的目标，为政府法制建设提供了方向指引。浙江省各级政府在依法治省、依法治市、依法治县过程中，做出了一些动真格的、创新性的举措，使法治政府建设取得了实实在在的成效。

第一节　浙江省政府法制建设的发展历程

改革开放以来，浙江政府法制建设取得了显著的进步，对浙江政治、经济、文化、社会的发展产生了巨大的推动作用。主要的亮点包括以下几点。

一、率先推进各类改革事业

浙江省率先实施行政许可制度改革与试点。浙江省在《行政许可法》施行前，就对各地、各部门执行的行政许可项目进行全面的清理和规范。经过各实施主体自行统计上报、同级政府法制机构依法审核、领导小组会议审定等阶段的核查，初步确定浙江的行政许可事项总目录，近年来浙江省又积极推行政府权力清单在内的“四张清单一张网”制度，走在全国前列。

浙江省在推进行政执法监督方面走在全国前列。浙江省人民政府从1993年起就开始制定一年一度的行政执法监督检查计划，并明文规定由省政府法制局组织实施，从而逐步将行政执法监督纳入规范化、制度化的轨道。全省各级行政机关按照“全面部署、重点推进、条块结合，上下联动、一级抓一级、层层抓落实”的原则，制定行政执法责任制实施方案，梳理和细化行政执法依据，分解内部不同执法机构和执法岗位的职权，明确执法机构和执法人员的责任，每年度由本级政府法制办牵头组织考评，按百分比重点考核各部门制定规范性文件、执法案件办理、内部监督管理等情况，纳入政府工作目标责任制考核。

浙江省行政复议工作进入全国先进行列。通过各级行政复议机关的努力，一些侵犯公民、法人和其他组织的违法的具体行政行为得到了纠正。浙江省行政复议工作的经验得到了全国推广。

浙江省较早实行行政执法主体资格和人员资格制度，从源头上防止了行政权力的滥用。1997 年，浙江省政府依据国家《行政处罚法》颁布《浙江省行政执法证件管理办法》，规定本省行政执法人员必须参加全省统一的行政执法资格考试，合格并领取省政府核发的行政执法证后方可上岗执法。

二、形成和推广了一系列先进经验

近年来，浙江省走出了一条经济先发地区法治先行的新路子，产生了多项领跑全国的创新经验，包括：在全国率先实施领导干部下访律师随同制度；率先发布县域法治指数；率先组织省管领导干部统一法律知识考试；率先出台法治政府建设省级标准；率先建设一体化网上政务服务平台；率先实现省市县同步晒出权力清单与责任清单。

第二节　浙江省政府法制建设的总体目标和具体举措

一、法治政府建设的总体要求

浙江省提出，深入贯彻落实党的十八届三中、四中全会和省委十三届六次全会决策部署，以“八八战略”为总纲，紧紧围绕建设“两富”现代化浙江、“两美”浙江和干好“一三五”规划、实现“四翻番”决策部署，坚持和发展法治浙江建设的主要经验，加快建立权责统一、权威高效的依法行政体制，加快建设职能科学、权责法定、执法严明、公开公正、廉洁高效、守法诚信的法治政府。争取在2020年时，全省各级政府在依法全面履行职能、严格规范公正文明执法、强化行政监督等方面走在全国前列，切实将政府各项工作纳入法制轨道，率先基本建成法治政府，努力构建现代政府治理体系。

在基本要求上，切实做到深入推进依法行政与全面深化改革有机结合，更好发挥法治对经济社会发展的引领、规范和保障作用；切实做到法无授权不可为、法定职责必须为，没有法律法规依据不得做出减损公民、法人和其他组织合法权益或增加其义务的决定，不断提高依法行政的能力水平；切实做到勇于担当、敢于负责，积极回应社会公众的需求和关切，自觉运用法治思维和法治方式深化改革、推动发展、化解矛盾、维护稳定，保障公民合法权益和社会公平正义，努力建设有限、有为、有效政府。

二、法治政府建设的重点方面

（一）政府职能履行方面

浙江省提出深化行政审批制度改革，坚持“放”“管”结合，加强行政审批事项动态管理，对于不进行审批的项目加大监督检查、监管执法力度，形成事中、事后监管。

浙江省提出进一步简政放权，构建科学合理的政府职责体系，通过“四张清单一张网”改革来促进政府治理现代化。

浙江省要求将政府各项事权规范化、法律化。结合政府机构改革来优化机构设置和人员编制配备，推进机构法定、职能法定、权限法定、程序法定、责任法定。

（二）政府行政立法方面

浙江省执行政府立法工作重大问题决策程序方面，事先向党委请示、人大报告。规定地方性法规草案、政府规章制定程序、重要行政管理法规规章草案由政府法制机构组织起草，并探索引入第三方起草、评估机制。

浙江省通过立法项目立项机制、前期评估工作、公民有序参与立法制度推动立法民主化；通过专家咨询论证制度、重大利益调整论证咨询制度来加强立法的科学性；通过及时修改、废止不适应改革要求和经济社会发展需要的政府规章和政府规章立法后评估办法来保持立法的先进性。

浙江省坚持将国家发展战略实施，创新型省份建设，资源能源集约节约利用，公共文化服务保障，文化产业促进、教育、就业、社会保障、医疗卫生、食品安全、安全生产，生态补偿和土壤、水、大气污染防治，海洋生态环境保护、重大行政决策、行政程序、政府信息公开、政府采购、机构编制管理等方面作为立法优先推进事项。

浙江省通过各种渠道加强行政规范性文件监督管理。浙江省对行政规范性文件制定程序、合法性审查机制提出了要求，把所有行政规范性文件纳入备案审查范围，建立公民、法人或其他组织对行政规范性文件的异议审查机制，实施行政规范性文件定期清理制度，及时公布继续有效、废止和失效的行政规范性文件目录，探索行政规范性文件后评估工作。

（四）行政决策方面

浙江省完善了重大行政决策公众参与、专家论证、风险评估、合法性审查、集体讨论决定的法定程序，借助特色新型智库建设开展决策咨询，规定政府重大行政决策出台前要向人大报告。对于涉及民生的重大决策、重大工程项目建设和重大政策等，实施社会稳定风险评估，并建立决策后评估和纠错制度。浙江省建立了重大决策终身责任追究制度及责任倒查机制，对决策严重失误或依法应及时做出决策但久拖不决造成重大损失、恶劣影响的，严肃追究行政首长、负有责任的其他领导人员和相关责任人员的责任。

浙江省对行政机关签订合同、参与民事活动进行监管，规定国有资产、财政资金使用和自然资源、公共资源利用方面的合同需要履行合法性审查、专家咨询、绩效评估、监督检查等程序，行政机关履行合同、重大合同内部备案和档案管理也要有相应的制度。

（五）行政执法体制机制方面

浙江省在市县乡镇领域逐步推进了综合行政执法，在食品药品安全、工商质检、公共卫生、安全生产、文化旅游、资源环境、农林水利、交通运输、城乡建设、海洋渔业等领域优先开展综合执法。浙江省就执法机构设置和编制管理、执法协作配合机制，跨部门、跨区域联动执法也进行了规定。

浙江省还开展了行政执法机构清理、行政执法人员资格、证件管理，行政执法人员行为规范整治，强化行政执法能力建设。

浙江省针对有案不移、有案难移、以罚代刑的行政困境，规范了案件移送标准和程序，借助法院、基层政府和相关行政执法部门的合力来提高行政案件执行率。

（六）公正文明执法方面

浙江省加强了对食品药品安全、安全生产、国土资源、规划建设、环境保护、资源节约、社会治安、劳动保障等关系群众切身利益的重点领域执法监管，组织开展执法情况专项检查。

浙江省落实了执法案件主办人制度和案件审核制度，执法听证制度、重大执法决定法制审核制度，执法全过程记录制度，利用办案信息系统、现场执法设备、视频监控设施对执法活动进行全过程跟踪。浙江省还坚持了行政处罚“缴罚分离”和“收支两条线”管理制度。

浙江省逐步探索行政处罚、行政许可、行政强制等裁量权基准制度，建立了执法案件质量跟踪评判机制，改进了执法案卷评查，聘请了特邀行政执法监督员。

（七）行政权力监督和制约方面

浙江省坚持党风廉政建设责任制，严格排查廉政风险点，重点防止工程建设项目审批、公共资源交易、国有资产转让等领域以及行政裁量方面的权力寻租，坚持反腐无禁区、全覆盖、零容忍。

浙江省要求各级政府自觉接受人大监督以及政协、民主党派、无党派人士的民主监督,依法履行报告、通报职责。各级政府要自觉接受司法监督,及时落实、反馈司法建议和检察建议。各级政府要自觉接受社会监督、舆论监督,积极回应各类诉求和反映。

浙江省对财政资金分配使用、国有资产监管、政府投资、政府采购、公共资源转让、公共工程建设等权力集中的部门和岗位实行分事行权、分岗设权、分级授权,加强政府及部门内部层级监督,形成了监督情况通报、处理结果反馈机制。

浙江省要求对公共资金、国有资产、国有资源和领导干部履行经济责任情况实行审计全覆盖、审计公告公示。严格责任追究和问责机制、审计发现问题的整改落实机制。

(八)政务公开方面

浙江省推出了决策公开、执行公开、管理公开、服务公开、结果公开,以公开为常态、不公开为例外的体系,依托浙江政务服务网来公开政府职能、法律依据、实施主体、职责权限、管理流程、监督方式等事项。浙江省建立行政执法公示制度,推进行政处罚、行政许可、行政征收、行政强制、行政确认、行政裁决、行政给付等结果信息公开,推行行政复议决定文书网上公开。

浙江省还对政府预决算支出公开,“三公”经费使用情况公开,征地拆迁、土地使用权出让、公共产权交易、政府采购、保障性住房分配等方面公共资源配置信息公开,公共服务和公共监管信息公开,教育、医疗、就业以及环境污染信息公开,重大建设项目、社会公益事业信息公开做出了部署。

第三节 浙江省政府法制建设的保障机制

一、权力制约机制

政府是行政权力的拥有者,权力是一把双刃剑,难以实现自我限制。正如孟德斯鸠所说:“任何一个有权力的人都会无限制地使用权力直到遇到有限制的时候。"①权力的扩张就会演变成滥用权力,令权力约束失控。因此,时刻对政府所拥有的行政权力进行制约,是政府法制的根本保障。对权力进行制约不是不可能的,它需要遵循一定的客观规律。

第一,要坚持党的领导,使得行政权力的行使合乎国法、党纪。

法律是行政权力的来源,尤其是宪法、行政法,充分规定了行政许可、行政处罚、行政强制、行政裁量等方面的权力行使要求,政府机关只要按照法律的精神和规范行事,滥用权力的可能性就将大大降低。

中国共产党是我国的执政党,在国家政治体系中居于核心领导地位,党的路线、方针、决议中关于行政权力行使的精神和准则,对行政机关产生直接和间接的约束。直接约束,即行政机关工作人员中的党员必须执行党的决定;间接约束则通过党对政府工作的政治领导、思想领导、组织领导来实现。党不仅可以通过国家机关来制约政府权力,而且也可以亲自对政府权力进行制约。

第二,要充分发挥人民群众的主体作用来约束行政权力。

党的群众路线要求,一切为了群众,一切依靠群众,从群众中来,到群众中去。如果政府在行使行政权力时认真倾听群众的意见,考虑群众的利益,接受群众的监督,将政府权力用于满足群众的需求,做到情为民所系,利为民所谋,行政权力永远不可能过限。因为政府权力服务的是绝大多数人,而不是少数利益集团。就像邓小平同志强调的,我们的政策要以人民高兴不高兴,人民满意不满意,人民答应不答应,人民赞成不赞成为标准。如果行使的行政权力让人民群众满意、受益,这种权力就是正当的;但是也不能打着为部分老百姓谋利益的旗号,做出有损国家利益、集体利益的行为,这样的行政权力行使就变成了地方保护主义。同时,人民群众可以依据宪法和法律参与和监督政府机关的工作。比如,公民可

---

① 孟德斯鸠:《论法的精神》(上册),张雁深译,商务印书馆 1961 年版,第 154 页。

以要求行政机关公开有关公共事务与公共权力运作信息；公民可以向政府机关及其工作人员表达意见；公民因受到不公正对待而使自身的合法权益受到侵害时，可以向政府部门提出申诉、控告，提出行政复议，还可以提起行政诉讼，行政赔偿申请。

第三，通过权力机关、司法机关来限制、监督行政权力。

人民代表大会及其常务委员会是宪法规定的政府权力的监督机关，对政府行为及其机关工作人员进行宪法监督，实质上是限制政府权力的滥用。我国宪法规定，行政机关由各级人大产生，对人大负责，受人大监督。人民代表大会通过行使以下权力对政府权力进行制约：(1)审议同级人民政府的工作报告，审议决定本行政区域内的重大事项，决定本级财政预算，这些方面涉及政府的财权、事权等重大权力，人民代表大会掌握了这些权力，使得政府不能在这些权力范围内随心所欲的行使权力；(2)人民代表大会对政府及其工作人员对宪法、法律和法令的遵守与执行情况进行监督，并且纠正其不法行为，有权审查本级行政机关所颁布的行政法规，并且有权撤销本级人民政府做出的不适当的决议和命令；(3)人民代表大会选举产生同级人民政府，通过相关的程序行使罢免权，将守法、懂法的公务人员选为政府机关领导人，淘汰不守法、滥用权力的国家工作人员，可以有效地防止权力滥用；(4)人民代表大会有权在会议期间通过相应的程序，对同级政府机关及其所属行政机关进行质询，给受质询的行政机关造成压力，限制其权力。

人民法院通过行使审判权，纠正政府违法行为，限制行政权力，民告官的行政诉讼和法院的司法建设书就是典型例证。人民法院可以撤销政府的违法行为，变更不公正的行政处罚决定，判决行政机关承担赔偿责任，拒不执行判决的政府主体实施强制行为。法院判决具有一定的强制性和终局性，可以对违法行政行为起到刚性的监督与约束作用。

人民检察院对政府权力的制约主要是对政府机关工作人员的职务犯罪行为进行追诉，防止政府机关及其工作人员以权谋私，玩忽职守，贪污腐败，渎职失职，警示政府机关正当行使权力。

第四,权力的行使要遵循主客观规律,即一切从实际出发,科学决策、民主决策,不搞一言堂。

行政机关通过自我设限,相互制约、上下级指导等方式来保证决策的民主性和科学性。具体而言,上级政府可以通过检查工作,撤销、否决下级行政机关不当行为的方式来限制下级政府滥用行政权力。上级行政机关也可以通过受理行政复议的方式来审查、纠正下级行政机关做出的具体行政行为和制定的规范性文件,来制约行政权力。

行政体系内部还可以通过行政监察渠道来监督公务员的职务行为,约束他们的权力行使,通过审计渠道来管理行政行为的合法性和效益性,避免盲目决策。审计机关和行政监察部门具有相对独立的地位和专门的权力,通过进行自我纠错,保证法律和国家政策政令的顺利执行和政府权力的正常运行。

第五,舆论媒体对政府权力的监督。

舆论监督的主体多样,包括电视、广播、杂志、网络,尤其是新兴的互联网。这些媒介可以通过采访或者登载民间社会、专业人士的意见看法,提出问题,对行政机关及国家公务人员的行为言论,尤其是那些行政权力行使不当的行为,进行监督。新闻媒体被誉为"第四种"权力,他们能及时跟踪政府机构的权力行使情况和公共事务的处理过程,帮助民众了解方方面面的事实,对政府机构和官员形成无形的舆论压力,切实有效地督促政府谨慎行使权力,履行义务,践行诺言。

二、宣传教育机制

知法、懂法、善于用法、善于护法是法治建设的最基本要求,加强对政府公务人员和全体社会成员的法制宣传教育是政府法制的自身需求,也是一项重要工作任务。近年来,浙江省根据国家的"六五"普法规划,结合本省特点和"法治浙江"建设的要求,在全省实施了法制宣传教育活动。

浙江省提出法制宣传教育活动要坚持中国特色社会主义道

路，以邓小平理论和“三个代表”重要思想为指导，深入贯彻落实科学发展观，贯彻习近平总书记治国理政重要论述精神，紧紧围绕“八八战略”“创业富民、创新强省”总战略和“十二五”时期经济社会发展的目标任务。要坚持法制宣传教育与社会主义核心价值观教育相结合，与社会主义法治理念教育相结合，与社会主义公民意识教育相结合，与社会主义法治实践相结合。

浙江省把法制宣传教育活动和党政中心工作有机结合起来，通过宣传教育激发法治红利，服务经济发展方式转变、自主创新、生态文明建设、保障改善民生、社会和谐稳定，助推浙江经济社会又好又快发展。

浙江省把握法制宣传教育工作的规律和特点，实施了“法制宣传近民工程”，紧贴人民群众生产生活实际，寓法制宣传教育于服务群众之中，根据不同地区、不同部门、不同行业、不同对象的特点采取多种宣传方式方法，因地制宜，分类施教，保证法制宣传教育的长效机制。在开展法制宣传教育的同时，展开地方、基层和行业依法治理以及专项治理活动，解决群众关心的热点难点问题，推动全社会法治化管理水平不断提高。

浙江省法制宣传教育全面覆盖了社会主义市场经济秩序、宏观经济调控、产业结构调整、国有资产管理、资源节约和管理、环境和生态保护、防灾减灾、节能治污减排、循环经济、科技进步、自主创新、人才流动管理、知识产权保护、农村基本经营、农村土地管理、农业支持保护和农村金融、城乡规划建设管理和城乡经济社会发展一体化等领域，与法治政府的推行实现了全面衔接。

浙江省组织了“浙江法治宣传月”和“12·4”全国法制宣传日等主题活动，以各种宣传月、宣传周、宣传日、重大任务和重大事件、“法律进机关、进乡村、进社区、进学校、进企业、进单位”主题活动等为载体开展法制宣传活动，打造主题活动品牌。浙江省深入开展创建法治市、法治县（市、区）工作先进单位和法治县（市、区）工作示范单位活动，实现与全国法治市、法治县（市、区）、“民主法治村（社区）”、“诚信守法企业”、“平安校园”等创建活动的衔接。

浙江省把一切有接受教育能力的公民，包括领导干部、公务员、青少年、企事业经营管理人员和职工、农民以及外来务工人员等作为法制宣传教育的重点对象。在领导干部学法用法方面，推行了党委（组）理论学习中心小组集体学法、政府常务会议会前学法、法制讲座、法制培训、领导干部法律知识年度分级考试（考核）制度；把法制教育纳入领导干部理论学习规划和各级党校、行政学院及其他干部培训机构教育培训课程，开发精品课程和案例。在公务员学法用法方面，加强宪法、通用法律知识和与履职相关的专门法律知识学习教育，定期开展社会主义法治理念教育、专门法律知识培训和新颁布法律法规专题培训；落实公务员法律知识考试（考核）制度，行政执法人员法律知识培训、考试和持证上岗制度。在青少年法制宣传教育方面，实现在校学生、教育管理干部和教职员工的全员覆盖，将法制教育纳入各级各类学校教学大纲，列入浙江省地方课程教材；依托各类校外实践实训基地和活动中心开辟“第二课堂”，组织开展适合青少年特点的各种法治实践教学活动，推进青少年法制教育基地建设，形成学校、家庭和社会“三位一体”的青少年法制宣传教育格局。在企事业经营管理人员和职工法制宣传教育方面，按照“谁用工、谁负责”的原则，落实企业经营管理人员法律知识培训制度，建立和完善企业经营管理人员学法用法考试（考核）机制，把法制培训、考试（考核）纳入国家出资企业管理者教育、考核；加强职工法制学校等平台建设，切实推动职工法制教育落到实处。在农民法制宣传教育方面，利用农村党员现代远程教育平台、“千万农民素质提升工程”等载体，加强村干部、党员、村民小组长、村民代表、各类农村实用人才等对象的法制培训，实施农村“法律明白人”培养工程，在每个乡镇设立一个法制辅导站，每个行政村配备一名法律顾问，建立一个法制学校、一个“普法宣传栏”和一个法律图书室（柜）。在外来务工人员法制宣传教育方面，依托各类法制培训机构开展与外来务工人员工作生活密切相关的法律法规的宣传教育，提高其理性表达利益诉求、依法维护自身权益的意识和能力。

浙江省还发挥广播、电视、报刊、网络等各类媒体资源优势，开办普法专题和栏目，制作公益普法广告，构建全方位的媒体法制宣传平台，发展数字电视、互联网、手机等新型媒体的普法功能。

三、行政问责机制

有责任才会有约束，否则法治政府就会沦为空谈。浙江省出台《关于深入推进依法行政加快建设法治政府的实施意见》，强调加大行政问责力度，完善问责制度，严格依法追责。根据行政监察法、公务员法、行政机关公务员处分条例对政府及部门因不履行职责行为实行问责。

浙江省还出台了《浙江省行政执法过错责任追究办法》，对全省各级人民政府、县级以上人民政府有行政执法权的工作部门、经依法授权或者委托的具有行政执法职能的组织在行政处罚，行政许可，行政强制，行政裁决，行政确认，行政给付，行政收费，行政征收以及法律、法规、规章规定的其他行政执法活动中的不当行为进行问责。浙江省根据行政过错的不同种类，列出了应当追究行政执法过错责任的情形，包括：对公民、法人或者其他组织的投诉、举报、申诉、控告、检举不按照规定调查、处理的；对符合法定条件的申请不按照规定实施许可、审批的；不按照规定履行检查、检验、监测等行政监督职责的；其他放弃、推诿、拖延、拒绝履行法定职责的情形。

浙江省还具体规定了不正确履行法定职责的追责制度，包括：超越职权的；违反法定程序的；无合法依据，或者适用依据错误的；基本事实认定不清、主要证据不足的；故意刁难，选择执法，滥用自由裁量权，行政执法行为明显不当或者行政执法结果明显不公正的；行政执法方式明显粗暴的；违反法律、法规、规章规定的行政执法权限、条件、程序、时限或者方式的其他情形。

根据不同的问责情节，浙江省规定了行政责任追究的种类。包括：责令做出书面检查；通报批评；暂扣或者缴销行政执法证件；调离行政执法岗位；责令辞去职务；免职；辞退；国家、省规定的其他种类。

四、预防惩治行政腐败机制

浙江省根据中央精神，制定了《浙江省建立健全惩治和预防腐败体系2013—2017年实施办法》，加大查办案件工作力度，严格审查和处置党员干部违反党纪政纪、涉嫌违法行为，对领导干部贪污贿赂、权钱交易、腐化堕落、失职渎职的案件严肃查处；严肃查处拉票贿选、买官卖官等用人上的腐败案件，匡正选人用人风气；严肃查处执法人员徇私舞弊、枉法裁判、以案谋私的案件；严肃查处严重违反政治纪律的案件；严肃查处群体性事件、重大责任事故背后的腐败案件；严肃查处在征地拆迁中贪污、截留、挪用补偿资金的案件，基层干部侵占各种惠民补贴、扶贫救灾、移民安置等专项资金以及集体资金资产资源的案件；严肃查处商业贿赂案件。综合运用行政、司法等措施，加大对行贿行为地惩处力度，坚决有力地惩治腐败，为政府法制工作扫清障碍。

第三章 行政立法对政府法制的推进

行政立法是行政机关从事的立法活动，具体是指国家行政机关依据宪法和法律规定的权限和程序，制定行政法规和行政规章等规范性文件。国内外对行政立法的叫法不统一，也有委任立法、授权立法、职权立法、部门立法等称谓。① 广义的行政立法指特定的国家行政机关依照法定权限和程序，制定、修改和废止有关行政管理方面的行政法规和规章及规范性文件的活动；狭义的行政立法指行政主体根据法定权限并按法定程序制定和颁布行政法规和行政规章的活动。② 从立法学角度看，立法是一个综合性的活动，相应地，立法权是一种国家复合性的权力体系，现代国家立法权不可能由单一的国家机关来行使，而必须由诸多的国家机关来共同驾驭，各机关行使的立法权限是有差别的。在我国，行政机关行使的立法权就包括制定行政法规或规章、授权立法权和立法提案权三种。③ 从行政法基础理论的角度考察，行政立法是一种抽象的行政行为，即行政主体根据法定的行政职权，针对不特定的行政相对人就特定的行政事项发布普遍的、可以反复适用的行政法规和行政规章的行为。本书所研究的行政立法是指属于抽象行政行为范畴的最狭义的行政立法，仅指国家行政机关根据法律的规定制定行政法规和规章的行政活动，不包括授权立法活动。

---

① 吴万得：《论行政立法的概念及其意义》，《行政法学研究》2000 年第 2 期，第 37—43 页。

② 向佐群：《行政立法初探》，《山西高等学校社会科学学报》2004 年第 6 期，第 59—61 页。

③ 刘恒：《论行政立法权》，《法学评论》1995 年第 4 期，第 22—26 页。

行政立法兴起于20世纪中前期。西方国家长期坚守“三权分立”的原则，立法权由议会保有和行使。但自“二战”之后，西方的几个主要资本主义国家的行政立法迅速发展。联邦德国自1949年至1965年，联邦议会共通过1298件法律，而同期联邦的行政立法高达4228件，平均每个工作日1件。在法国有一种形象的说法：“条例（指行政立法）是汪洋大海，而法律是大海中的孤岛。”[①]美国的行政立法呈几何级数急剧发展，大有淹没或取代法律之势，美国学者甚至惊呼：“我们简直处在行政爆炸之中。”

第一节　行政立法的发展历程

新中国成立以来，我国的行政立法也从无到有，从简单粗糙到逐步完善，走过了一个不平凡的历程。新中国的行政立法大致可以分为五个阶段。

一、第一阶段

1949年9月，中国人民政治协商会议通过了《中国人民政治协商会议共同纲领》和《中央人民政府组织法》等重要法律，组成了中央人民政府委员会和政务院。《中央人民政府组织法》规定，由中央人民政府委员会行使立法权，制定、解释法律，颁布法令，监督法律的实施；政务院作为最高国家行政机关可以颁布决议和命令并审查其执行，政务院各部、会、院、署、行在自己的权限范围内，可以颁布命令和决定。当时的法律虽没有规定政务院享有立法权，但实际上政务院及所属部门制定和颁布的规范性文件亦被视为立法。政务院内还设立了法制委员会，负责政务院法规草拟和审查、修改工作。大行政区人民政府有权拟定与地方政务相关的暂行法令，省（自治区）人民政府有权拟定与本省（自治区）政务有关的法

---

① 王名扬：《法国行政法》，中国政法大学出版社1988年版，第362页。

令、条例,直辖市、大行政区辖市和省辖市的人民政府有权拟定与市政府有关的暂行条例,县级人民政府有权拟定与县政府有关的单行法规。民族自治地方的自治机关,有权制定本自治机关的单行法规。因此,这一时期从政务院到县级政府都实际上享有行政立法权。在这一阶段,出现了新中国成立以来一个立法的高潮,仅政务院就制定了300余件法规性文件[①],制定的立法作品如《中华人民共和国劳动保险条例》,政务院《关于实行粮食的计划收购和计划供应的命令》,卫生部《关于公费医疗的几项规定》,上海市人民政府《代管房地产暂行办法》,四川省人民政府《关于山林处理补充规定》。这一阶段的行政立法最大的特点是权力机关立法和行政立法的界限不清,行政立法的主体和体制非常分散。其次,这时期所制定的法规带有很强的应急性、过渡性,有一大批法规是针对当时的特定政治经济社会问题而制定的,在短期内临时适用,在外部条件变化后就无法继续适用了,且多数法规都未能及时得到修改、补充和废止。再次,在立法技术上总体比较落后,立法整体质量不高,制定的法规在名称、形式、内部结构、条文表述、后果模式等方面比较粗糙。[②] 这一时期所制定的法规基本上已经失效或被废止、取代。

二、第二阶段

从1954年开始,我国的行政立法逐步正式化,但立法活动刚一起步很快就陷入低谷。1954年全国人大一届一次会议通过了《中华人民共和国宪法》(以下简称五四《宪法》),确立了全国人大作为立法机关,国务院作为最高行政机关的地位,对行政立法的范围和权限做了重大的调整,建立了中央高度集权的立法体制。五四《宪法》没有规定国务院有其他立法权,只规定国务院有权向全

---

① 应松年:《行政行为法》,人民出版社1993年版,第134—138页。

② 周旺生:《中国立法五十年》,《立法研究》第1卷,法律出版社2000年版。

国人大及其常委会提出议案，同时取消了一般地方享有的制定法令条例和单行法规的权力。但国务院及部委发布的决议和命令，规定的行政措施仍被视为国家的法规。国务院成立了法制局，负责法律、法规草案的起草和审查、修改工作以及法规的清理、汇编工作。这期间据统计，国务院制定的法规性文件有551件。[①] 如，国务院《关于工资改革的决定》、粮食部《市镇粮食定量供应凭证印制使用暂行办法》等。这一阶段的行政立法同前一阶段相比，在立法内容的针对性、立法程序规范性上有所完善，但从立法技术和立法质量上看还不成熟，法规的清理、汇编、编纂工作才刚刚起步。随着1957年"反右扩大化"以及随之而来的政治运动，法律虚无主义盛行，社会主义法制与资产阶级法制被混为一谈，社会主义法制与无产阶级专政被人为对立起来，用政策特别是党的政策取代法律的观点大为盛行，法制建设出现了重大挫折。负责统筹行政立法的机构——国务院法制局也被撤销，随后的行政立法也没有了作为。

三、第三阶段

从1966年开始，国家处于"文化大革命"所带来的动乱之中，法制进程出现了前所未有的倒退和破坏。"文化大革命"初期，国务院及很多部委受到冲击，无法正常行使职能，行政立法根本无从谈起。在"文革"后期，才逐步有了零星的行政立法。据统计，这十年间，国务院颁布的行政立法只有16件，各部委制定的行政规章仅有45件，还不及"文革"前一年所制定的数量。这一时期的行政立法深受极左思想的影响，随意性极强，缺乏章程、方略，没有什么建树。这一时期所制定的行政立法由于指导思想和内容方面存在问题，基本上都已经废止或者弃置不用。

---

① 沈荣华、周传铭：《中国地方政府规章研究》，上海三联书店1999年版，第26—30页。

四、第四阶段

粉碎"四人帮"反党反革命集团后，国家开始拨乱反正，工作重点从阶级斗争转向经济建设，法制建设重新得到重视。可以说，"没有党和国家工作重心的转移，就没有社会主义法制和政府法制的恢复和发展"[①]。党的十一届三中全会上的《决议》指出："为了保障人民民主，必须加强社会主义法制，使民主制度化、法律化，使这种制度和法律具有稳定性、连续性和极大的权威，做到有法可依、有法必依、执法必严，违法必究……"行政立法得到了恢复和缓慢发展。根据七八《宪法》，国务院的行政立法职能虽未得到宪法的明确规定，但恢复了国务院行使制定规范性文件之权力。这段时期国务院先后制定的法规性文件有293件。[②] 如国务院《关于劳动教养的补充规定》《开展对外加工装配和中小型补偿贸易办法》、铁道部《铁路计划管理办法》、卫生部《全国血站工作条例》等。这一时期的行政立法逐步走上正轨，随着改革开放大幕的拉开，国务院及部委开始注意到对经济体制改革和对外开放的事项进行法律调整，行政立法随之增添了新的内容。

五、第五阶段

从1982年至今，行政立法实现了跨越式发展。八二《宪法》正式明确了国务院可以行使行政法规制定权，国务院各部门有制定行政规章的权力，即中央行政立法权。《地方各级人民代表大会和地方各级人民政府组织法》赋予省、自治区、直辖市以及省会城市、国务院批准的较大的市的人民政府有地方性规章制定权。1989年以后全国人民代表大会及其常务委员会先后授权深圳、厦门、珠海、汕头四个经济特区人民政府以制定规章权。上述规定重新构建了我国行政立法体制，指明了行政立法的主体范围。根据八二

---

① 蔡立辉：《政府法制论》，中国社会科学出版社2002年版，第256页。

② 应松年主编：《行政行为法》，人民出版社1993年版，第5—10页。

《宪法》的精神,行政法规和规章可以规定行政机关内部需全国统一的工作制度和工作程序,可以对行政管理体制某些方面的具体事项和操作运转方面事项、经济体制中的操作运转事项以及经济技术标准进行规定;对制定法律时机尚不成熟,而经济和行政管理工作又迫切需要的事项,行政法规也可以进行规定,拓宽了行政立法可以涉足的领域。随着经济体制改革的深入和法制建设的开展,从国务院到地方都开展了频繁的行政立法活动。据统计,从1982年到1999年,国务院制定的行政法规有840个,行政规章有30000多个,[①]初步形成了行政法规、行政规章集群。可以说,国家行政活动的各个主要环节,行政活动的各个主要领域都可以看到行政立法的存在。这一阶段的行政立法的显著特点是数量多、类型广、内容新、质量较高,立法技术大为进步,立法体系日趋完善,法规清理、汇编、编纂活动有序开展,而且呈现出维护法治统一、体现民主精神、注重立法程序、重视立法理论等特征。为适应行政立法日益增多的形势,促进行政立法的制度化、法律化,国务院1987年制定了《行政法规制定程序暂行条例》,1989年制定了《法规规章备案规定》等专门规制行政立法的法规。特别是2000年,国家颁布了《中华人民共和国立法法》,该法第56条明确了国务院根据宪法和法律,可以就哪些事项制定行政法规;第71条规定,国务院各部、委员会、中国人民银行、审计署和具有行政管理职能的直属机构,可以根据法律和国务院的行政法规、决定、命令,在本部门的权限范围内,制定规章;第73条规定,省、自治区、直辖市和较大的市的人民政府,可以根据法律、行政法规和本省、自治区、直辖市的地方性法规,制定规章。这些规定赋予了行政立法的正式法源,另外,《立法法》还对行政法规的制定程序、方式方法做了原则性的规定。2000年以来国务院还相继制定了《法规规章备案条例》《规章制定程序条例》,对行政立法做出了更加细致化的规定。

---

① 周旺生:《中国立法五十年》,载于《立法研究》第1卷,法律出版社2000年版。

应当看到，我国的行政立法形成了很大的规模，调整范围覆盖了经济体制、计划、财政、税务、金融、土地、基本建设、地质、矿产、工业、交通、邮电、林业、水利、气象、水产、粮食、商业、对外贸易、海关、保险、劳动、物价、统计、审计、科学技术、教育文化、新闻、广播、卫生、体育、工作制度、民政、公安、司法行政、监察、人事、民族、侨务、宗教、外事等诸多领域。从数量上看，行政立法占到了我国法律法规体系的90%，是名副其实的我国法律体系的主力军。

第二节 行政立法的基本特点

综观新中国成立以来行政立法的发展历程，可以大略地总结出行政立法的一些基本特点：

一、行政立法的主体多元化

我国行政立法体制在新中国成立后几经更迭，从极端分散到高度集中又到适当分权。总的看来，作为最高层级的中央政府的行政立法权一直在实际行使，但在八二《宪法》才第一次正式做出规定。而地方政府的行政立法权限的规定则多有变迁，处于较高层次的省、自治区、直辖市级政府大多数时期都享有行政立法权。国务院的各部、委、办、署、行也享有了各自管理领域的行政立法权。现行的多元行政立法体制既保证了中央政府的行政立法权，也适当地实行分权，将行政立法权授予地方政府，保障和促进了地方政府的积极性。

二、行政立法的内容多样化

我国的行政立法从所规定的内容来看，主要包括三大方面，一是执行和实施法律的事项，二是全国人大及其常委会尚未制定行政管理法律的事项，三是行政机关内部统一制度和办事程序的事项。行政立法的内容广泛，既有某部法律的实施细则，也有某方面事项的暂行规定，还有行政系统内部的管理办法、议事规则。相比法律，行政立法具备了很强的执行性和操作性。法律规定得较为原则概要的地方，行政法规就规定得较为细密翔实，同样地，行政法规规定较为简练的，行政规章规定得就相对详尽。法律、行政法规、行政规章三者之间一定程度上形成了互补，共同组成了法律、行政法规、行政规章和其他的规范性法律文件的法律网络。

三、行政立法效力的多层次性

我国的行政立法依制定主体和效力的不同可以分为行政法规和行政规章两个层级。行政法规和规章处于不同的位阶。《宪法》《立法法》等法律均规定，法律的效力高于行政法规，行政法规的效力高于部门规章和地方性规章，地方性法规的效力高于地方规章。行政法规、规章和法律规定不一致或者相冲突的条款无效；行政规章中与行政法规相冲突的规定无效；地方行政规章和地方性法规相冲突的规定无效。对于行政法规、行政规章与地方性法规之间以及部门规章和地方性规章之间效力比较，我国法律没有直接做出规定，而是从适用范围及法律冲突的处理两方面进行规定。简而言之，行政法规和部门规章在全国范围内有效。地方性法规和地方规章在制定机关所管辖的行政区域内有效，相应地，《宪法》《国务院组织法》《行政诉讼法》《立法法》等规定：全国人民代表大会常务委员会有权撤销国务院制定的同宪法、法律相抵触的行政法规、决定和命令；国务院有权改变或撤销各部、委发布的不适当的决定和命令，有权改变地方各级行政机关所发布的不适当的决定和命令。本级人大常委会也有权撤销与地方性法规规定不一致的地方规章。地方性法规与部门规章规定不一致，不能决定如何适用时，由国务院提出意见，国务院认为应当适用地方性法规的，应当决定该地方适用地方性法规的规定；国务院认为应当适用部门规章的，应当请全国人大常委会裁决。部门规章之间、部门规章与地方规章的规定相冲突时，应提请国务院裁决。这些规定都一定程度上保障了国家法制的权威和统一。

四、行政立法的变迁切实反映了民主和法治的进程

新中国成立以来，行政立法的发展经历了许多的坎坷和挫折。我们对行政立法的探索也经历了从模糊到清晰，从不自觉到自觉的过程。行政立法有它短暂的黄金时期，但好景不长，反而屡屡因为领导人的意志和人们对于民主和法治认识的偏差而遭到干扰和破坏，在很长一段时期内还被边缘化，甚至被弃置不用。而且，行政立法自诞生以来就一直陷于“政策管用还是法管用”的争论中。可以说，我国的行政立法有非常深的时代烙印，从中可以总结出一条简单的道理：民主法治兴则行政立法兴。

第三节　行政立法的功能和不足之处

一、行政立法的积极功能

行政立法在国家治理活动发挥的作用是不可替代的，它形式多样，内容具体，制定、修改程序相对简便，能够对政治、经济、社会中出现的法律需求及时做出反应，有效解决了政府管制的法源缺位问题，为行政机关施政活动提供了合法依据，还填补了因全国人大及常委会立法能力不足所导致的一些公共领域的法律空白。如在 2003 年全国大部分地区爆发恶性传染性疾病“非典”的严峻时刻，国务院、卫生部迅速出台了《突发性公共卫生事件应急条例》等行政立法，为应对传染病扩散和治疗提供了法律依据，授予了有关部门管理职权，明确了相关各方的法律义务和法律责任，对动员、组织、协调各力量在较短时间内控制非典，减少损害发挥了重要的作用。在行政管理活动中，行政立法为行政机关和行政相对人双方的行为都确立了法律准绳，在规范政府行为、促进依法行政，保护相对人合法权益方面发挥着重要的作用。而且，行政立法所积累的宝贵经验对社会主义法律体系的丰富和完善，对推进依法治国，建设社会主义政治文明也发挥着积极的作用。

二、行政立法的不足之处

当然，我国目前的行政立法也存在一些问题。从立法理论的角度看，目前的行政立法体系还不同程度地存在不完善、不协调、不配套、不统一的现象，行政立法的内部结构、外部形式还需要完善，行政立法的规范还需要具体、严谨，具有可操作性，立法创意、决策、预测、规划、起草、制定、修改、补充、废止、解释等都还欠规范，立法的依据、条件、方式、步骤以及立法的其他环节还需要科学化。① 有的学者则具体分析了行政立法的不足之处，认为行政立法存在"过时""空白"和粗疏的问题，有些行政立法质量不高，有些行政立法立场上存在重实体轻程序、重行政权轻相对人权益等偏颇之处。② 诸如违反法律、行政法规的规定设定行政许可、行政收费、行政处罚和行政强制措施；设定实行地区封锁的内容；自行设定增加管理相对人义务的内容，自行设定降低或者减少管理相对人合法利益的内容；超越本地区、本部门的权限规定行政管理的有关事项和内容以及制定程序不符合法律、行政法规的规定；等等。行政立法作为法律的细化、具体化的体现，以及作为法律尚未规定事项的临时依据，它的完善与否，不仅关系到国家行政管理活动的顺利开展，而且关系到行政管理相对的合法权益能否得到切实的保护，以及不被貌似"合法"的行为侵犯。如果我们不正视行政立法存在的不足，不但不益于实现"良法之治"，还必将会拖依法治国的后腿。具体表现在：

（一）行政立法的相关主体方面

我国实行的是行政机构主导行政立法的制度，宪法、立法法及组织法对于哪些机关享有行政立法权规定得很清楚，但是对立法

---

① 周旺生：《中国立法五十年》，载于《立法研究》第1版，法律出版社2000年版。

② 皮纯协、朱韶斌：《社会主义市场经济条件下的行政立法》，《行政法学研究》1994年第1期，第16—19页。

利益相关者以及立法参加者的规定，诸如行政立法建议权（动议权）主体、法案起草权主体、立法听证主体、立法异议提出主体、立法审查主体等的规定还远远不够。虽然立法法和国务院的相关条例规定，制定行政法规、规章草案时可以采取座谈会、论证会、听证会等多种形式听取意见，并规定了国家机关、社会团体、企事业组织和公民可以提出对行政立法提出审查请求，实际工作中行政机关也开展了立法调研和在一定范围内就立法草案征求意见等活动，但是这些非行政主体参与行政立法的活动都是不系统的、零星的，行政立法活动主体方面的制度还没有完整地确立。行政立法活动基本上由行政机关单方面决定，在立法过程中，行政官员居于主导地位，立什么法，不立什么法，如何立法取决于他们的意志和判断，公众及利益相关者没有畅通的渠道去参与立法活动，将自己的利益、要求、想法和建议告之立法机关或者对行政立法施加影响。行政立法在公众心目中仍是一个封闭的、神秘的行为，公众无法方便地、公开地参与其中，这无疑违反了民主主义的精神和行政公开的精神。

（二）行政立法内容方面

现有行政立法内容上存在一些缺陷，如结构不合理，表述不严谨，语言不规范，行为模式和法律后果设置不科学，覆盖面不宽，操作性不强，稳定性较差，立法之间时而出现矛盾冲突等。造成这些缺陷的原因是多方面的，有的由于既有立法准备工作不足，立法过程草率、把关不严，有的归因于立法理论不健全、立法技术不成熟。

（三）行政立法程序方面

重实体轻程序是我国行政法的通病，行政立法也概莫能外。我国一直没有一部统一的行政立法程序法，《立法法》及国务院的相关规定的出台也没有解决好这一问题。《立法法》只对行政法规的制定程序做出了一些规定，而未对行政规章的制定做出规定，而且这些规定都集中在行政立法的制定环节，如起草、审议等，对行政立法的其他环节，如立法建议制度，立法公告制度，立法的听证制度，立法草案的审议、讨论、辩论过程，法规公布，审查制度，备案制度，提出异议的制度，申请司法审查制度的规定就非常欠缺。这些都是行政立法的程序法应当规定的。行政立法程序的不健全造成了行政相对人的行政立法参与程度低，也违背了行政公开的原则。

（四）行政立法权限的设置方面

我国关于行政立法的权限的规定主要出自宪法、国家机构组织法、《立法法》和相关的法律，如行政处罚法的规定，在表述上采取的是行政机关可以根据法律（规章还可以根据行政法规，地方性法规）的规定制定行政立法的提法。从立法技术上说，我国关于行政立法权限的规定过于原则，权力机关与行政机关、行政机关之间的立法权如何分配没有明确界定，上位法向下位法授权的表述过于宽泛、随意。现有的一些规定也很零散，如仅在行政处罚法规定了行政立法不得“染指”限制人身自由权，下位法不得为行政机关设置或扩大罚款权，对其他的羁束性行政行为的设置权限则没有相应规定。从实际执行上看，我国行政权长期处于强势地位，行政机关还不习惯由权力机关通过法律来授予其职权，权力机关没有完全摆正与行政机关的关系，在限制行政立法权问题上显得不够理直气壮。另一方面，在行政机关眼里，行政立法是自己制定自己执行的“内部事务”，甚至有理解为“议行合一”，对这一问题往往内部协商、“自由裁量”，缺乏认真划分和严格遵守立法权限的自觉性。这些都导致行政立法的边界模糊，作为下位法的行政法规和规章经常“越且代庖”，规定或变相规定本应由上位法规定的事项。

（五）行政立法监督方面

行政立法的监督控制既包括内部监督，即立法机关对行政机关，上级行政机关对下级行政机关的监督，也包括行政体制外的监督，如社会监督、司法审查权，还包括对行政立法侵权的监督。从我国现有法律规定和实践来看，对行政立法的监督还非常薄弱。就内部监督而言，我国的行政审查基本上仍属于以运用行政命令为主的监督方式，行政机关之间的监督在大多数情况下仍是基于上下级之间的微妙关系进行，没有法律化的监督制度进行制约，更没有与对行政相对人的权益保护紧密联系在一起。① 我国对于行政法规及规章的撤销，要件均无明文规定，现有条文只是含糊地使用“相抵触”“不一致”等提法。《行政复议法》中只规定了对规章以下的规范性文件的审查，对行政立法则丝毫无碍。至于外部监督，除了提请上级机关对行政立法进行审查之外，就看不到有什么更有力的规定了。我国的司法审查制度还属空白，法院对规章只能不参照，不能对其说“不”。

客观地说，现时行政立法中出现的问题、存在的不足实际上是两方面原因造成的：一方面是抽象（立法）行政行为在主体、权限、立法内容、程序方面不同程度的违法，另一方面则是关于抽象（立法）行政行为规定上的疏漏和缺失。就问题根源而言，既有立法指导思想和理念上的问题，也有立法起草、通过层面的问题；既有立法内容中出现的问题，也有法规清理、编纂方面的问题；既有是浅层次的，表面的问题，也有深层次的、核心的问题。对行政立法所存在的问题进行研究应立足于行政法学的角度，从抽象行政行为的角度看行政立法的完善。

第四节 行政立法的完善对策

行政立法是一个复杂的系统工程，涉及立法组织、原则、权限、程序、技术、手段、内容等多方面的规则。由于市场经济体制的全面确立，社会转型的逐步深入以及我国加入 WTO，卷入全球化浪潮所面临的剧烈变化的内外部环境，我国的行政立法面临着前所未有的挑战。依法治国方针的贯彻，也对行政立法的质量提出了更高、更严格的要求。我们认为，我国行政立法制度的完善要以宪

① 湛中乐：《论对行政立法的监督与控制》，《国家行政学院学报》2004 年第 3 期，第 30 页。

政和民主精神为指针，朝着民主化、科学化、开放化的方向发展。国外关于行政立法的制度和做法以及我国学者们提出的完善行政立法的意见，都值得采纳和借鉴。

一、行政立法应处理好公平和效率的关系

公平与效率是法律追求的终极价值，也是法学界永恒的话题。行政立法作为一种资源配置的手段与利益分配的杠杆，涉及巨大的经济和社会利益，必须处理好公正和效率的关系。学者们认为，在处理抽象行政行为所面临的公平和效率问题时，应遵循公平优先、兼顾效率的原则。[①] 笔者深为赞同。公平意味着行政立法中的平等对待，其本质和宗旨是要公正合理地分配权利义务，没有公平，效率再高也没有意义，甚至是有害的。行政立法中的公民参与、听证、咨询、协商、公众监督、司法审查等体现公民意志，影响法规规章公平度的活动并不是多余的，而是实现公平原则的路径。把公平确立为行政立法的基础价值，对行政立法的效用、行政立法的利益归属、行政立法的发展方向、行政立法的总量，以及行政立法能否顺利实现宪法原则、补充法律规则、维护法律秩序和便于相对人权益的功能都有决定性的影响。[②]

二、行政立法应处理好积极行政和转变政府职能的关系

自 20 世纪 70 年代末开始，行政改革的浪潮席卷全世界，西方国家以公共选择理论等为指导，倡导新公共管理运动，提出了政府治理和善治的新理念。我国吸收了其他国家行政改革的先进理念和有益做法，走依法行政、积极行政的路子。行政立法能够准确体

---

① 罗豪才、宋功德：《行政法的失衡与平衡》，《中国法学》2001 年第 2 期，第 72—89 页。

② 张淑芳：《论行政立法的价值选择》，《中国法学》2003 年第 4 期，第 55—64 页。

现着政府意志，调整范围和力度大、效力高、稳定性强，因而成为关乎行政改革速度和成效的重要因素。行政体制改革开展以来，在贯彻依法行政，转换政府职能，精简政府机构，提高行政效率方面的不少具体措施都是借助行政立法来实现的。如国务院各部委和地方政府根据《行政许可法》的精神审查修订行政立法，大量裁减了行政审批事项。现今我国的行政立法在有些私人事务、社会经济生活的领域赋予和保护的行政权过于集中和强大，限制得过多过死，不能确实保障相对人的权利和自由，还容易诱发权力滥用与行政寻租。而在另一些政府应该涉足的领域却留有权力空白，规定内容和力度不到位的问题，导致管理混乱。我国的行政立法要顺应行政改革的大势，打破立法不协调、不均衡的局面，实现从传统的威权行政、直接干预式行政立法到积极行政、服务行政型立法的转型。行政立法推动重点、难点领域的政府职能转换，可以消减、调配好行政权力、义务的结构，剥离一部分行政权，提升公民、法人或其他社会组织的法律地位。除了规范和巩固、制约行政职权外，还要通过立法激励行政主体积极行政，为公益与私益的增长创造更多机会，激励相对方积极履行法定义务，依法全面参与行政，监督行政权的行使，促成行政主体与相对方之间的互动与合作。①

三、行政立法要处理好传统行政法与新型行政法并存的关系

行政立法的本质应是合法、正当的抽象行政行为。其基本要求是行为主体合格，具备法定权限，行为内容符合法益，程序合法，有相应救济途径。② 行政立法出自高权阶的行政机关，有法律法规

---

① 罗豪才：《现代法制的发展趋势》，北大法律信息网，http://www.chinalawinfo.com/article/。

② 徐小玲：《试论行政立法行为的撤销》，《福建政法管理干部学院学报》2000年第3期，第38页。

作为其制定依据，制定程序相当严格，不似一般的具体行政行为。传统行政行为崇尚强制性，多采用“命令—服从”模式，规定僵硬，缺乏民主色彩，执行效率也不高；而新兴的以行政合同和行政指导为代表的非强制性行政重视行政相对方的合作与参与，改变长期以来行政机关与相对方之间的紧张关系。[①] 权力色彩较淡的非强制性的新型行政立法是现代行政立法发展的新趋势。但重视它并不意味着全盘取代传统行政立法，而是要合理配置，共同发挥作用，实现行政目标。

加入 WTO 后在客观上对我国的行政立法产生了重大影响。WTO 规则要求行政立法要增强公开性，保证其他成员方、企业及个人能够获知立法的最新进展，特别是涉及外贸的行政立法。WTO 规则还对行政立法的司法审查和救济提出了要求。我国要履行加入 WTO 时做出的承诺，使我国的行政立法在一定范围内同国际通行规定接轨，这也是下一步完善行政立法的重要内容之一。

四、行政立法要处理好立法与司法审查的关系

行政立法是对国家和社会公共事务的管理过程中行政主体和行政相对人的权利义务的具体配置过程，它具有以下三方面的特点：涉及面广，权威性强，有合法的外衣。行政立法权的行使直接面对人民，直接关系人民权利，直接影响国家权力运作的实现。权力必须受到监督是任何一个奉行民主政治的国家的公共权力运作的规则，行政立法的这些特殊属性以及行政立法权在国家权力体系中所处的特殊地位，使得行政立法权监督显得尤为重要。除了体制内的监督，还必须从完整的设置体制外进行监督。西方发达国家对于行政立法的监督机制非常发达，如英国的各类监督专员制度、法国的行政调解专员制度、美国的检举制度。而我国的全国人大及其常委会尚未有一次真正行使过违宪审查权，撤销违宪或

① 罗豪才、袁曙宏、李文栋：《现代行政法的理论基础——论行政机关与相对一方的权利义务平衡》，《中国法学》1993 年第 1 期，第 52—59 页。

违法的行政法规规章，法院也没有权力对法规规章进行司法审查，和民主法治的要求相差甚远。我国对行政立法的监督要力争做到监督主体的多元化、监督方式的灵活化、监督手段的多元化、监督条件的充分化。①

对行政立法的监督应是正式方式与非正式方式的统一。正式的监督控制机制应包括行政审议机制、司法审查机制度、撤销权和问责制度等方面。对行政法规最有效的监督是行使撤销权。权力机关、立法机关的上级行政机关可以依职权和依申请行使撤销权，提出撤销申请的可以是有利害关系的行政相对人，也可以是普通公民；还应该允许行政立法机关自身提出撤销申请以及执行行政立法的机关、行政复议机关、政府法制监督机关提出申请。② 违宪审查制度在我国应否确立，如何确立还有很大的争议，从长远看，法院无疑应有撤销行政立法的权力。至于对行政立法非正式的监督，范围则应更为广泛，应包括公民、社会团体、党派、新闻媒介等各个角度，以各种方式对行政立法进行监督。相应受理机构应该建立答复和反馈制度，及时将公众的意见转达给有关机关以及将处理结果反馈给公众。③

五、依法立法，划分立法权限，确定立法范围，设定立法程序

行政立法是行政机关的执法依据，部分行政立法如行政法规是司法依据，因而，对行政立法制定权限和立法范围的规范意义重大。首先，要严格依据国务院与各个部门以及中央和地方的事权

① 苏涛：《西方国家行政立法监督述论》，《江汉论坛》2003 年第 12 期，第 48—51 页。

② 徐小玲：《试论行政立法行为的撤销》，《福建政法管理干部学院学报》2000 年第 3 期，第 38—40 页。

③ 龚向和：《知识经济与行政立法制度创新》，《江海学刊》2001 年第 3 期，第 21—24 页。

划分，对各个行政机关的立法职权进行严格细致、明确清晰的划分，应当由中央管理的事务，一律由国务院和部委行使立法权。凡应当由地方管理的事务，则放手由地方立法。中央政府不应“插手”地方政府管理事务，而地方政府不应“染指”全国范围内统一立法的事项。其次，行政法规和规章在规定内容上，应分界清楚、各司其职、各有侧重，不能交给规章立法的事项坚决不下放；由行政法规加以规定，涉及多个部门管理职能的立法，尽可能用行政法规加以规定。再次，对作为行政立法依据的框架性法律，如宪法、国家机关组织法、《立法法》、全国人大常委会的决定等进一步整合、细化、修正。如《立法法》中要求下位法不得与上位法相抵触的原则比较抽象，有学者从十三个方面阐发了它的含义，这些都应该吸收到关于行政立法的法律或者解释之中。① 其四，充实关于行政立法特别是规章立法程序的规定，按照民主化、公开化、程序化的要求审视现有关于行政立法的程序性规定，将其扩充和延伸到立法事前、事中、事后每一个阶段，在法律的动议、提案、起草、表决、通过、生效等环节设置行政立法建议和意见征管程序、听政程序、草案公告程序、全民讨论程序、公民不服申告程序、内部程序公开程序。② 把立法主体、立法参加者、立法利益相关者的权利义务、法律责任均加以规定，并提高其立法层级，如将其规定在《立法法》之中或者由全国人大常委会以决议形式加以规定。

六、坚持立法民主化道路

民主是行政立法的灵魂。行政立法的民主化的基本要求是行政公开，公众参与，遵循正当程序。这意味着行政机构在行政立法过程中，必须将行政立法行为在事前、事中、事后公开于行政相对

---

① 柳砚涛：《行政立法中的不相抵触原则》，《中国行政管理》1999 年第 11 期，第 19 页。

② 莫于川、王静：《程序的民主性：行政立法的关键》，《法学杂志》1995 年第 2 期，第 4—7 页。

人和利害关系人。应当许可相对人、利害关系人乃至一般民众参与行政立法全过程，行政机构不得违反法定的程序，除非法律另有规定。

首先，增强行政立法的公开性，公开原则是行政立法的一项基本原则，行政立法公开原则既要求立法文档的公开和立法文本的公开，[①]也包括行政立法会议公开制度、行政立法规划公告制度、公众意见处理说明公告制度等[②]。我国行政法规规章的公开范围十分有限，应该加强这方面的规定，如规定行政立法文本的公开则是其生效的必须程序和必要条件等。

其次，建立"立法回避"制度。规定与所制定的行政立法有利益关系的行政部门不得参与该行政立法的起草与制定工作，由其他部门或者委托专家起草等，有效剔除部门利益在行政立法中的体现，保证立法的公正公允。[③]

最后，扩大行政立法中公民参与的深度与广度，让公众享有行政立法的实际参与权。这种参与既可以是合作型参与，也可以是监督型的参与，还可以是对抗型参与。[④] 要保证公民的知情权，建议权、听证权监督权，令公众在行政立法过程中发挥重要作用。目前最为紧迫的是完善听证程序，应当规定除了紧急事项立法及国家机密以外，其他的行政立法都必须举行听证。行政立法听证方式可以采用正式听证、非正式听证以及新兴的混合式听证方式，对听证主持人的选任、听证参加人员的名额分配、听证进程、听证笔录等都要具体加以规定；还可以通过通信、舆论等公众参与方式听

---

① 周佑勇、魏长明：《论行政立法的公开原则》，《行政与法》2001年第2期，第17—18页。

② 段红柳：《论行政立法过程中的公众参与》，《湖南社会科学》2002年第5期，第35—38页。

③ 汪全胜：《行政立法的"部门利益"倾向及制度防范》，《中国行政管理》2002年第5期，第17—18页。

④ 杨建顺：《行政立法过程的民主参与和利益表达》，《法商研究》2004年第3期，第6—13页。

取意见。①

七、倡导立法科学化

立法的科学化与民主化是密不可分的，广泛吸收公众参与，充分听取不同意见所制定出的行政立法必定是可圈可点，合乎法意、民意的。注重科学的立法手段，对确保立法的高质量也是相当重要的。首先，要建立科学的立法规划制度，认真分析社会形势，区分轻重缓急及时、适时推出行政立法。其次，设立专门的立法咨询和评估机构，吸纳专家、学者特别是法律专家对立法进行非官方立场的论证、咨询，对现有立法的针对性、时效性进行评估，提出立改废的建议。再次，重视各级政府法制机构的投入和建设，提高立法人员的业务和法律素质，发挥好参与、指导、协调、监督立法的职能。最后，加强行政立法实施情况的监控，把行政立法的清理、汇编、编纂作为日常的、动态的活动，进一步制度化。

---

①　毛原：《论听证及其在我国行政立法中的运用》，《行政法学研究》1999年第3期，第33—37页。

第四章 电子政务与政府法制建设

电子政务是运用计算机、网络和通信等现代信息技术手段，实现政府组织结构和工作流程的优化重组，超越时间、空间和部门分隔的限制，建成一个精简、高效、廉洁、公平的政府运作模式，以便全方位地向社会提供优质、规范、透明、符合国际水准的管理与服务①。随着信息技术特别是互联网技术的飞速发展，政府网上办公，群众网上办事，网上问政非常频繁，浙江省推出的“四张清单一张网”政府管理方式就充分借助了电子政务的威力。因此，电子政务对法治政府建设有着积极的作用。

第一节 电子政务对政府法制的影响

一、电子政务与政府法制基本原则的逻辑联系

行政法的基本原则贯穿于行政法始终，对行政法各个方面起指导作用的法律范畴。它浓缩了宪政的精髓，精炼了行政法的基本理念，有很宽的覆盖面、持久的稳定性和极强的指导性，对行政法的制定和执行，对行政法朝着正确方向发展，树立公民对行政法的信仰有着非同寻常的作用。在对行政法基本原则的不同表述中，依法行政、合理行政、效率行政的原则得到了广泛的承认。电子政务的出现和推广，在行政领域集中体现了法治精神，不仅充分符合了行政法的基本原则的三大基本要求，而且对行政法的基本

① 张建华：《电子政务知识管理》，科学出版社 2000 年版，第 1 页。

原则做了更新的诠释。

首先，电子政务是依法行政大环境的产物，它的外壳和内核都具有适法性。英国著名行政法学家韦德提出的行政法治的首要原则就是政府行使权力的所有行为都必须有严格的法律依据。[①] 无论是先行的欧美发达国家还是后行的我国，在电子政务的发展模式选择和解决方案设计上都开展了法理上的论证，都积极寻找电子政务赖以依存的法律依据。在电子政务的建设过程中均出台了不少法律作为规范和指引，电子政务的外在载体的合法性是可以保证的。从电子政务的内在属性看，它很好地做到了依法行政原则的实质——行政主体职责统一，权利、义务规范平衡的行使。电子政务遵循着一种新的行政权力运行机制：既有权威能动，也有主体自由行动；既强调行政机关承担促进公共福利的积极义务和从属于法律的义务，又要求行政机关承担不得侵权或滥用权力的一般消极义务，使行政主体所享有的权利和所应负担的义务更加清晰。在实践中，行政机关在网上办公、开门问政，使得政府和行政相对人能够进行充分平等的对话和快捷的信息沟通，能够对公众的需求做出积极的回应，减少了传统行政的神秘性和单边性；通过技术手段的运用来限制权力，反对特殊化，减少了传统行政的随意性和不确定性。电子政务的推行使存在直接与间接利害关系的公民对行政活动的介入和监督更为通畅，符合了有权力即有监督，有权力即有救济的要求，增强了行政行为的合法性和公信力。而且电子政府与依法行政是双向互动的，电子政府为依法行政提供了新的技术平台，为依法行政提供了新的支撑，电子政务环境下信息传输的即时性、快速流动性为各种法律规则的创设、宣传、执行和监督提供了有利条件。[②]

---

① ［英］威廉·韦德：《行政法》，中国大百科全书出版社 1997 年版，第 55—57 页。

② 向良云：《试论电子政府中的依法行政》，《行政论坛》2003 年第 6 期，第 64—65 页。

其次,电子政务体现了合理行政的要求。韦德认为政府必须根据公认的、限制自由裁量权的一整套规则和原则办事,促使政府规范地行使手中的权力。控制自由裁量权的行使是合理行政的首要任务。自由裁量指的是非以事先宣布的规则,而以临时创制的新"规则"为基础的行政裁决和强制,权力行使过程处于不确定状态及服从于偶然因素。电子政务的推行,对公务人员滥用自由裁量权,不按制度办事形成了有力的限制。经过设置的计算机和网络程序将部分取代公务人员在权能范围内的自由裁量,可以有效防止政府管理人员利用信息垄断搞暗箱操作,防范下级政府管理人员违背上级决策精神而肆意妄为,从而切实保证政府决策的严格、不打折扣地落实,有效地抑制了传统行政方式中容易滋生的腐败现象。现代科学研究表明,社会首先是一个自组织系统。在自组织的社会里,政府的真正角色是公共组织,政府基本职能是组织公共物品的供给,维持公共秩序,维护公共利益。① 电子政务是以公众的需求为出发点,向广大公众"消费者"提供优良公共产品的窗口,是一种典型和新型的服务行政管理模式,能够将政府职能从直接管理引向管理服务,刷新了合理行政原则的实现途径。电子政务还体现了善治的理念,国际组织提出的善治十个构成要素:合法性、法治、透明性、责任性、回应、有效、参与、稳定、廉洁、公正。②有的学者还进一步指出:"法治要求善治,善治就是法治。"③电子政务的起步处于较高的起点,是一种切合行政法合理性原则的,权力能动、高效、低耗的治理模式。它使行政权力的行使显示出自主性、自理性和能动性,既满足了制约与监督政府的需要,又保障了

---

① 张树义:《中国社会结构变迁的法学透视》,中国政法大学出版社2002年版,第113—115页。

② 俞可平:《增量民主与善治》,社会科学文献出版社2003年版,第23—27页。

③ 汪习根:《法治社会的基本人权:发展权法律制度研究》,中国人民公安大学出版社2002年版,第2页。

权力运行充满活力与能动;既使得权力执掌者有足够的空间和幅度进行自主决策,独立思考,高效能地进行公共管理,又促进了政务公开、信息交流、公众参与和监督。电子政务是“再造”政府的良好工具,是保证政府权力运行高效化和民主化的杰出的制度设计,代表了现代社会行政管理的发展方向和合理行政的更高境界。

再次,电子政务对效率行政的影响,其积极方面是主要的。就电子政务而言,效率已经成为内生变量,而不再是政务人员苦心孤诣追求的目标。电子政务的高效性、交互性和服务性在一定程度上调和了公平和效率这一对矛盾,运用先进的计算机技术和通信技术构建的电子政务骨架比通常的行政流程更为灵敏,在成批处理中其运作速度和反馈速度的优势会更加明显。这一方面使政府提供的各种服务比以前更快捷,对公众意见和需求的反应速度大大提高;另一方面,电子政务具有外向型信息服务功能,可以利用高效可靠的政府信息网络,将政府信息快速、方便、廉价、准确地传递给社会公众,减轻公众为获取这些信息所需要付出的经济和时间负担,使得公民365天和每天24小时都能享受到“无缝”服务,公民到政府办事就像看电视换频道一样方便,无疑提高了行政效率。虽然电子政务倡导的开放、交互的处理方式有的时候难免会增加行政处理成本,增加行政事务处理的复杂性,的确会对行政效率和管理成本产生一定影响,但这能更好地体现行政的理性、民主性、亲民性,不至于影响到政府管理的正常运行。

二、电子政务对行政法的影响

现代行政法的发展凸显出民主和人权的诉求,制度设计中贯彻着规制政府权力,规范行政程序,反对公共权力被滥用及对私权的僭越和践踏的理念。同其他的部门法相比,行政法的内容比较庞杂,但是其主要是围绕两个核心内容展开的,一个是行政行为(通过对各种行政职能的内容、性质的抽象所形成的法律表述);另一个就是行政程序(指行政机关行政活动的步骤、方式、程序时限),在此基础上形成了行政法的实体和程序两方面。电子政务对行政实体和程序两方面的法律都有涉及。由于行政实体法和行政程序法的联系非常紧密，在行政实体法中的很多章节中载有行政程序方面的规定，行政程序法中则包含有很多涉及实体权利义务方面的内容，所以电子政务对行政实体法和行政程序法的影响难以非常清楚地区分，在此分述如下。

（一）电子政务对行政实体法的影响

电子政务对行政实体法的影响，首先就是大量政府信息化建设以及电子政务网络方面的立法的出现。在我国，以 1993 年底国务院启动“三金工程”为开端，到目前为止，涉及信息化的“两网一站四库十二金”电子政务建设工作已全面展开，相应出台了大量的法规性文件，涉及的领域包括宏观经济调控、社会保障、公共事业运营、科技、环境保护等。这些法律的内容包括电子政务综合业务平台建设、电子政务信息安全基础设施建设、电子政务业务标准确立等，都是传统行政法所没有的。其次，基于电子政务基础上的电子法得到了全新的发展，如电子采购及招标、电子福利支付、电子资料库、电子公文、电子税务等方面的法律制度。在电子版权法、数据保护法、电子交易法、电子身份证法、数字签名法等立法中也包括了大量相应的行政性法规。同时，在电子政务的发展过程中，也涉及了对原有的行政法规和法令的废止、修订和补充。

电子政务对行政实体法影响的不仅仅体现在静态的法规数量上，还体现在动态的行政行为相关作用过程中。电子政务虽没有催生新类型的行政行为，但和电子政务相关的行政行为以崭新的方式出现，如为我们熟知的网上申报、网上审批、网上信息发布等。可以想象，在不久的将来诸如网上处罚、网上听证、网上给付、网上行政指导、网上行政奖励与物质帮助等会陆续实现。

（二）电子政务对行政程序法的影响

行政程序法在行政法律体系中占据着重要位置，其功能就是通过健全的有保障的程序促进和实现实质正义。一旦有关行政程序法的法律规定缺乏或过于稀疏，拥有实体权力的行政机关就可以任意行事，依法行政、保护相对人权益不受侵害就成为一句空话。[①] 当前，在多重利益的驱使下，在传统行政文化、官本位思想的影响下，对行政权力制约的最薄弱环节还是在程序上。我国到现在还没有形成一部完整成型的行政程序法，有的行政程序的设计和规定不完整、过时快、滞后于形势发展，在行政管理的制度安排上无法实际体现或无力体现“正当程序”的理念。我国政府给电子政务发展的定位是规范政府行为，实现政务公开，促进公共服务，建立廉洁高效、行为规范、运转协调、公正透明的行政管理体制[②]，矛头直指程序问题，在对行政程序法起到了补足、纠正和创新作用。

首先，电子政务具备操作性好、标准化程度高、可监控性强的特点，是克服和纠正一些行政程序顽疾的有效手段，如行政机关的不作为问题。日常生活中我们时常遭遇到一些本属于行政机关职责范围内的事项和应限期完成的事项，以各种借口不予解决或久拖不决。在电子政务环境下，通过在计算机程序中先行设定行政机关的职权范围、办事的程序和时限，公开投诉渠道等方式，这种不作为行政就很难存续下去。又如行政机关在管理中随意设置门槛，加收额外费用，不一视同仁，以权谋私、与民争利等问题。尽管政府颁布了一些规定甚至禁令，但贯彻执行的效果并不是很好，而通过电子政务的实施，就可以把一些原先掌握在官员个人手中的程序性权力上收，改人和人直接打交道为人和人通过机器来打交道，为解决这个问题找到了新的思路。

其次，电子政务的规范、透明、快捷使得它在以往行政程序涉及不深和实施效果不佳的领域开辟了新的局面，达到了程序法追求的好效果。通过观察可以看到，现阶段的电子政务在加快政府信息公开的进程、改革申报审批体制、刺激政府采购活动的规范

---

① 沈岿：《平衡论：一种行政法的认知模式》，北京大学出版社 1999 年版，第 19—24 页。

② 高小平编著：《行政学》，上海人民出版社 2003 年版，第 66 页。

化、促进标准化法的推行方面已经显示了出色的程序优越性，大大促进了这些行政职能行使过程的制度化、透明化、程序化。以政府信息公开问题为例，据有关方面统计，我国有用信息的 80%由政府掌握，但这些信息大多处于不对外公开状态。“没有任何东西比秘密更能损害民主，公众没有了解情况，所谓自治、所谓公民最大限度地参与国家事务只是一句空话。”①电子政务在信息发布方面的效能很高，能促使政府自觉的公开信息，减少了信息不对称，增加了透明度。

再次，电子政务的开放型、沟通性、交互性帮助了个人、组织参与行政过程。美国学者盖尔洪认为，相对人的参与有助于行政沟通、信任，确立对政府及服务的正确观念。尽管参与中相对人的态度及意见对最终决定的影响可能微乎其微，但从整体上说政府及其服务最终都必须得到公众的信任和支持；专断及有失公正的行政决定，不仅会使该行政行为丧失可接受性和可配合性，而且这种现象泛滥和持续，必然会破坏公众对政府及服务的信任与配合。②电子政务给公众参与行政运作过程提供了一个平台，相对人可以通过公开的信息渠道关注政府的举动，可以不受时空的限制向政府传达自己的想法，可以通过网络参与政府组织的政策咨询、听证。原国家计委就在政府网站上公布了国民经济与社会发展计划“十五”规划草案，向人民群众征求意见，结果反响非常热烈。电子政务的普及和推广，能够吸收更多的人民群众参与协商，不仅可以加强服务内容的准确性和公正性，而且还有利于行政决定的事后执行和行政目的的实现，并可以促进公众的民主意识和社会的民主气氛的营造。

电子政务充分体现了传统的行政管理程序所难以具有的公开公正与透明简洁，实现政府与公众双向、直接的沟通和互动，为行

---

① 王名扬：《美国行政法》，中国法制出版社 1995 年版，第 256—264 页。

② 叶必丰：《行政法的人文精神》，湖北人民出版社 1999 年版，第 163 页。

政方式由“暗箱行政”转换为“阳光行政”奠定了物质基础，为公众参与和影响政府政策的制定和执行提供了渠道，既控制了公权力，又保障了私权利。电子政务的发展也对行政程序法的完善提供了技术上、运用上的支持。

（三）电子政务对行政救济的影响

行政救济是行政法的重要内容，涵盖了行政复议、行政诉讼、行政赔偿多方面的法律规定，[①]严密地确保行政法的正确实施以及保护的公民权益，发挥着“终极正义”的作用。行政救济的效应非常重大，培根曾说：“一次不公正的判断比多次不公平的举动为祸尤烈，因为那些不公平的举动弄脏了水流，而不公平的判断则把水源败坏了。”[②]电子政务着眼于广义政府，因而对政府法制工作机构以及司法机关的建设与职能转变有着很大的影响。当人们在其权益受到不法行政行为侵害时，可以借助政府网站了解到实情；对行政机关具体行政行为不服可以获得的救济，可以申请进行电子化的行政复议，以减少目前行政复议跨区域受理所带来的不便。在新的历史条件下我国的司法活动非常重视实现公正与效率，现在不少司法机关也加入了政府上网工程，这将对传统的行政案件诉讼产生深远的影响，比如行政行为的形式认定、诉讼时效的计算、诉讼文书的电子送达、电子证据的采信等等问题。[③] 把电子政务嫁接到行政复议、司法活动中，可以适应行政机关职权运行模式和行政行为模式的转变需要，确保行政审判活动的顺利开展，实现公正、高效司法。

总之，电子政务不仅符合现有法律的要求，而且有不少超前和突破，它大大提高了行政行为形式合法化程度，增强了行政权力运行的规范性，保证和激励了行政权与公民权各自的正面作用，控制

---

① 刘恒：《行政救济制度研究》，法律出版社 1998 年版，第 134 页。

② ［英］培根：《培根论说文集》，水天同译，商务印书馆 1983 年版，第 65 页。

③ 王天星、王亚琴：《电子政务与行政诉讼》，《人民司法》2002 年第 11 期，第 50—54 页。

和约束了潜在的负值效应，促进行政行为的合理性。成熟的电子政务是贯彻法治原则，并且满足合理行政、服务行政、科学行政、效率行政的要求。

第二节　浙江省电子政务建设进程分析

浙江省电子政务建设在全国处于靠前水平，根据《2014 年中国城市电子政务发展水平调查报告》，我省杭州市跻身前十位。近年来，浙江省电子政务主要围绕着几个方面来展开。

一、电子政务应用范围不断拓展，各应用系统运行稳定可靠①

目前 OA 系统、门户网站、政务网门户、无纸化办公和电子公文交换在各级政务部门得到广泛应用，覆盖省、市、县三级政府部门的应急视频会议系统开通运行。金宏工程、金盾工程、金财工程、金审工程、金税工程、金质工程、金安工程等重点工程建设在省内全面展开。电子政务在财政、税务、工商、公安、审计、质监、交通、国土资源、安全生产、环境保护等多个部门得到应用。在教育、医疗、社会保障、文化等民生重点领域，电子政务水平得到提升，涉农电子政务应用得到大力推广。全省社会保障“一卡通”、全省流动人口管理平台、全省投资项目管理平台等综合性应用系统建设取得了成效；居民健康电子档案、城乡社会养老保险、数字城管、农民信箱、农村基层政务管理系统等电子政务平台在全省各地得到普及应用，为各级政府部门提高决策分析能力、加强行业监管和社会管理提供了有力的支撑。

---

① 浙江省经济和信息化委员会：《2012 年浙江省电子政务应用成效显著提升》，《中国电子政务年鉴（2012）》，社会科学献出版社 2013 年版。

二、重点电子政务工程发挥的效果

（一）金宏工程

该工程的主要内容是重点推进全省发改系统审批办理系统、省中央投资项目稽查监管信息系统、浙江省经济社会发展监测一体化平台建设、应对气候变化业务应用系统、全省发改系统协同办公服务系统、转型升级重大项目库系统、应用支撑平台等。现在已经构建了全省统一的“浙江省中央投资项目稽查监管信息系统”，实现了数据报审、查询统计、监测分析、问题预警、督查管理等功能。在气候系统应用中构建了温室气体清单信息数据库，实现了清单信息数据梳理、覆盖能源活动等5大类、16小类、462个数据指标，初步建设了清洁发展机制项目信息库；在经济运行监测网络建设方面，实现了网上问卷调查、汇总分析、短信催报、用户管理等功能。

（二）金盾工程

公安部门开展了“三平台一大厅”，即警务工作平台、情报平台、警用地理信息应用平台和“网上办事大厅”的建设与应用。编制了《浙江公安信息代码共享平台建设需求》，开展了一个门户网站、一个标准代码库、一套维护机制的建设工作，实现了统一的标准代码查询、下载和更新服务。全省11个市和大部分的县（区、市）公安局都能进行视频共享。视频监控信息共享平台与警用地理信息基础应用平台之间实现了衔接，各市建成了重点场所监控点的坐标信息采集，重要监控点在PGIS平台上的位置标注和调阅。十多万个视频监控摄像机利用公安信息网通过省、市、县三级视频信息共享平台联网与PGIS平台实现了对接，初步形成了全省范围内的视频信息大联网体系架构。

（三）金审工程

在审计领域建设了国家审计交换中心浙江分中心和各市交换区以及行业审计数据分析系统、RTX即时通讯平台。这套系统覆盖了预算执行、地税、社保、金融、环资、住房公积金、经济责任、投资等行业审计，在全省土地出让金收支情况审计、全省社保资金审计、地方政府性债务专项审计等项目中得到广泛应用和推广，实现了各级审计机关之间的资源共享与业务协同，提升了审计成果，提高了审计工作效率。

（四）金税工程

金税工程已连续建设了几个周期，浙江全省国税系统网络基础设施的流畅性、可靠性、安全性大幅提升，纳税人能够更好地进行网上办税，税务部门内部公文流转便捷。浙江省开发的重点税源管理信息系统提升了税源管理能力，实现了税源管理的智能化。税务部门还实施了出口退税审核系统集中建设、综合征管系统疑点数据清理工作，与税务、工商部门合作实现了股权转让信息共享。同时，利用电子政务，税务系统开展了纳税服务绩效考核评价信息系统建设，将税法宣传、办税服务、网络服务、社会化服务、权益保障、风险防范、创新创优、信用等级评定、服务满意度和服务保障机制等方面的服务指标纳入纳税服务绩效考核评价信息系统中。

（五）金质工程

“金质工程”建设的目标是实现“智慧质监”，建设计量信息化管理、公共检验检测信息管理、标准化管理系统。浙江省推广了食品质量安全风险监测和百姓查询信息系统、质监法人基础信息库、浙江省标准信息与质量安全公共科技创新服务平台、质量安全监管业务系统项目等，整合了全省系统质量管理、监督稽查、标准、计量、食品监管、特种设备监察、生产许可等管理和企业信息，促进了信息互通共享。所建立的浙江省食品生产企业名录库、产品信息库、食品添加剂资源库等五大基础数据库和食品生产许可证信息库、监督抽查信息数据库、风险监测预警数据库等六大核心数据库，为加强食生产质量监管发挥了积极作用。

(六)金安工程

目前建设的全省企业安全生产基础数据库实现了企业基础信息管理,行政许可结果管理,重大隐患信息、安全生产培训信息、行政执法信息、设备设施及安全生产事故管理等内容的填报、统计功能,全省各市、县的企业安全生产基础数据实现了交换,实现了省、市、县三级安监部门数据互通、信息共享,建成了全省安全生产标准化考评管理系统、安全生产中介机构和培训机构管理平台。全省非煤矿山行政许可管理系统、安全生产事故信息报送统计系统投入运行,极大地提升了全省各级企业和安监部门信息化管理应用水平。全省安监公文传输交换系统和数字档案室项目的开发提高了公文传递和办理时效;安监系统数字档案室建设,实现了安全生产档案管理电子化和数字化。

(七)工商信息化

工商行政管理部门实施了基础支撑平台建设,在市场准入和网络监管应用系统方面,推进了移动工商、食品安全电子监管平台、农贸市场信息化和网上工商业务等应用项目建设,在各种平台上探索全省数据与应用的集中,还开发完善了民企景气指数等功用平台和数据产品。

第五章 政府综合行政执法体制建设

第一节 政府执法权安排中的法律和政策问题

执法有不同的解读渠道。从政治发展的角度观察，执法是国家权力主体在政治活动制定和实施政治决定过程中施加于被统治者的无利益以及限制、剥夺利益的行为。在法律关系层面上，它是和立法、司法相并列的法律实现阶段。在政府管理和公共政策理论当中，它又是和做出决策、制定规则、实施管制等并列的政策执行过程。把上述视角综合起来看，执法的意义就会更加清晰，它实际上是围绕着政治系统和社会系统之间的交往而展开的，它有意识地通过法律实施和政策执行影响社会阶层内部利益和惩罚的分配的政策过程。① 在这里，我们更倾向于把执法权问题当作一个政策问题来探讨。世界上无论哪一种政府形式，都围绕着开展有效统治、维护公共秩序的基本功能在运转，政府的上述职能弱化，就会引发社会混乱和国力耗散；但如果把有效治理的希望全部寄托于政府身上也是不适当的，社会会因过于强大的官方权力而失衡，并且会产生政治腐化的隐忧。消除不稳定，维系公共秩序最长久的办法是实现良好的政治制度化和政治社会化。关于这些方面的宏观理论很多，在具体经验和做法上的经验也积累了不少，比较缺乏的是架通抽象理论与具体经验分析之间的中层制度构架以适应和指导行政实践，而执法体制的理论即属此类，这种理论架构的基

---

① 徐湘林：《从政治发展理论到政策过程理论》，《新华文摘》2004 年第 14 期，第 25 页。

本要求是基于具体存在的社会事实，分析社会不同阶层和群体的要求和压力，根据社会主体性的政治价值观、社会经济结构变化情况和官僚行政体系来选择、制定法律与实施政策过程。

具体而言，我们分析执法权及其配置，其一，需要明确它是在什么样的制度和体制环境下被制定和实施的。其二，对这一构想的制定和实施产生影响的重要变量有哪些？这些变量（如社会经济条件、政治组织和机构、社会群体、政治领导人等）中哪些变量是起决定性作用的？其三，对执法权力分配体制制定起决定性作用的群体、组织或个人，他们的政策偏好在政策选择中所依据的标准和条件是什么？

对于第一个问题，当代制度经济学代表人物诺斯认为，制度又可以区分成正式制度与非正式制度。正式制度是指正式法令所明文规定的各种公开运作方式，是一种规约层面；而非正式制度则是指在法令当中没有规定的，而是依赖人与人或是机构与机构之间长久以来所形成默契的运作方式，是一种经验层面。很难有一项制度设计能够放之四海皆准，在每一个国家里都有非正式制度。由于非正式制度是基于习惯、文化与传统而形成的，所以比较能够符合该国家的现状。通常非正式制度的重要性大于正式制度的运作，但和正式制度相比，非正式制度更能节省许多不必要的交易成本。在制度的变迁方面，由于非正式制度镶嵌在传统文化及人与人之间的互动关系之中，所以非正式制度在受到外界压力时其回应性和变化程度要慢于正式制度。[①] 体制相较于制度而言，制度具有相对的稳定性，而体制则是制度外在的具体表现形式和实施形式，是一个以权力配置为中心，以结构、功能、运行为主体，以及各种设施和相应的规范所构成的体系，具有不稳定性和可变性。行政执法体制尤其是地方政府的行政执法体制，不仅受国家总体政治环境和行政制度的制约，而且还要受非正式制度因素影响。从

① Douglass North：*Institutions，Institutional Change，and Economic Performance*. New York：Cambridge University Press，1991.

我国政权的民主性和执政的合法性立场出发，政府的执法活动是容易得到广大人民群众和社会各方面的理解、配合与支持的，但是一些现实政治环境和非制度因素对此造成了干扰。从历史制度主义的层面分析，我国社会是一个传统沉淀厚重、发育不均衡、差序化格局显著的结构形态，作为现代法治生根基础的市民社会未得到充分发展，政治在国家权力结构中处于高度支配的地位，国家和社会捆绑化现象严重，国家权力无论是在表达上还是在使用上都处于天然优势地位，重权力轻权利，重义务轻权利，重个人权威、重服从传统力量，轻制度权威、轻现代管理程序的观念统御了相当大一部分社会成员，而且在权力解释的逻辑中深刻地烙入群体、集体印记。从制度经济学的角度分析，我国长时间处于计划经济体制与行政权高度融合趋向中，社会生活、个人行为的方方面面极易被公共权力"捕获"，利益协调和纠纷解决常常寂静无声地消弭于单位体制之内，行政权缺乏有效的制约，控制、保障、责任等方面的诉求十分微弱。而近二十年来，这一"固若金汤"的体制被市场化转轨、法治化塑造硬生生地撬开一个大缺口，无论是政府、执法者还是民众、利益相关者，每一方面的主体都还没有做好准备，不得不在"老路"和"新路"之间逡巡。

根据上面的分析，能够得出的基本结论是，由于保障执法的正式和非正式制度因素出现了供给不足的问题，整个执法体系可能面临"碎片化"的趋势。现实中，"执法难、难执法"的不正常现象大范围出现。行政执法人员在执法活动中，往往得不到群众理解、支持、配合，有时反而遭到围攻、谩骂，甚至发生暴力抗法，威胁执法人员的人身安全的极端化事件。而执法者的执法理念和风气也发生了很大转变，都渐渐倾向于选择采取简单的、命令式的或严厉打击式的执法方式，导致执法氛围更加对立化。不论是出于主动还是被动动机，执法者和被执法者处于激烈的相互碰撞之中，不对这一对基本关系进行修补，不对执法体系进行整理，必定无法适应社会政治、经济环境的发展变化。

对于第二个问题，我们过往研究执法问题，总是习惯于从立法保障、领导重视、加大投入、强化执法者纪律、强化执法对象教育、严格责任等方面切入，谈论的内容比较泛化，没有去寻找可分析核心的变量。应当看到，执法问题在首先解决好执法依据后，紧接着要解决的是执法权力如何行使即执法权配置的问题，解读清楚执法权配置的政策内涵非常重要。对执法权配置产生影响的变量主要是政策变量，包括行政机构设置、行政管理目标、行政立法内容、行政执法负担等。同时，不同的经济发展水平、地方文化传统、地方风俗习惯等诸多因素也会对执法权产生影响，在诸多因素中，官僚体系对行政执法的影响应当是最明显的。近几十年来，东西方国家对于科层官僚制的研究和批评越来越多，其基本共识是官僚体制作为一架国家机器，能够调试出较高的行政效率，而且在官僚体制整体运行过程中可以根据需要随遇而变；但随着时间的推移它总会出现偏差、老化和变形，而且它的自我修正动机非常弱，需要大幅度的展开组织再造和制度创新才能延缓其弊病，这是中央和地方政府需要共同面对的。而有的研究者指出，我国现行的立法本身对于执法权的内容不多，有的内容重在对执法行为的约束，轻于执法权的科学配置，即使规定了执法的某些权限，内容也过于简单，无法提供解决问题的答案。现行的行政管理体制中关于执法权的配置也差强人意，一方面过多迁就旧的行政管理体制，过于强调部门的利益，使执法机关越来越庞大，权力分割越来越细密，最终结果是执法权被肢解；另一方面，承载执法权的官僚体系也处在不停顿的改革中。但很多的行政机构设置和改革脱离了目标的分解与综合原理，既没有根据行政管理的目标设计行政机构，更没有对行政系统的目标进行分解与综合，还低水平地停留在行政主体的研究和组合方面，没有上升到对行政主体的行为进行研究和组合，导致了执法权设计的弱化。①

此外，经济与市场因素必须在执法权设置体制中得到考虑和

---

① 鄂振辉：《我国执法权配置的法律实证分析》，《北京行政学院学报》2006 年第 6 期，第 72—75 页。

体现，首先要提到的是经济因素。我国的改革开放历经 30 多年，经济面貌和经济布局已经产生了巨大的变化，其中最令人关注的是地方的崛起。我国各个省、自治区、直辖市的经济实力在显著上升。国内地区生产总值超万亿元的省级行政区在不断增加。在 2004 年时，“万亿 GDP”的省份有 4 个，到了 2008 年底，“万亿 GDP”的省份已经超过 13 个，其中超过 3 万亿的有 3 个，超过 2 万亿的 1 个，超过 1 万亿的 9 个。到 2014 年时，GDP 超过万亿元的省份达到 21 个，广东、江苏迈入 5 万亿的规模，浙江省达到了 4 万亿，与中等国家的经济实力不分伯仲。随着各个省、自治区、直辖市经济体量的膨胀，行政、社会、文化方面的事务越来越多，越来越复杂，经济快速增长与政务革新相对滞后的矛盾、施政理念进步和施政行为保守的矛盾、地方政府需求旺盛与中央政府回应谨慎的矛盾、行政意愿强势主导与民众态度抵触对抗的矛盾凸显，改变了政府的施政方式和内容。在法治化框架内如何调整中央和地方的关系，让地方政府享有既符合宪政体制的框架又与其经济实力、管制能力相匹配的行政权力、执法权力成为多方关注的焦点。其次，要谈及市场因素，国内外基本上认可我国已经从完全的计划经济国家转变为一个比较完全的市场经济国家。从宏观上看，我国围绕着市场经济造就了多元的经济利益主体，也催生出了经济民主。经济基础对上层建筑的影响以和缓、理性的渠道推进着。经济民主必然要求法制和行政上的回应，各种社会阶层瞄准着不同的经济利益，要求在法律体系中确认自身的地位，要求享有公共管理的权力，参与公共政策的制定与执行，希望在政治过程中体现他们自身的利益和价值。但这种要求不可能一步到位，而是在局部地区、局部政治领域分别地、有步骤地实现，如地方行政板块和执法活动领域。从微观上看，随着市场经济版图的扩张，由政府一家独揽规则制定和资源分配局面不复存在，市场越来越多地在资源配置中占据主导地位，公民、法人、社会组织越来越倾向于服从市场法则，按照经济理性来选择和实施自己的行为，保护自身的合法权益，寻求经济和社会领域发展空间，大量的行政机关的施政执法活动也是基于市场的问题和需求而开展的，如果不能透彻地研究市场，不了解被执法对象在市场体系中的地位、相互关系和诉求，这样的执法是无助于解决市场中存在的问题的。由此，我们可以得出结论，拒绝研究政策变量的效应发挥，回避众多牵涉利益和影响因素的执法权配置是无法满足法律和政策的科学性和有针对性的。

对于第三个问题，作为执法体制的最高设计者和作为执行者的具体部门之间是存在偏好差异的。从实际的政治生活上看，国家最高行政机关的活动没有具体的执法任务，但它并不置身事外，它全面关注中央政府各部门和下级政府的执法活动。中央政府的各部门主要承担着政策制定和宏观调控职能，面向行政相对人的直接执法活动很少，它们主要关注下级政府抑或对口管理的下级业务部门在本部门领域的执法活动。在这里，我们把中央政府及其组成部门作为一个整体，地方政府及其工作部门作为另一个整体，暂时忽略它们的诉求差异，以便于分析。作为中央政府，非常关注的是能否对下级政府执法群体形成制度约束。中央政府本身也受到预算约束的影响，不可能在执法者身上无限度地投入资源，因而这种制度约束是在有效控制政府规模的前提下实现的，即希望通过较好的制度设计制约执法者，而不是通过在执法者之外再创造出更多观察者、纠正者的角色。能实现这一目标的途径是进行地方执法体系的内部调整，来提升管理效率。另一个中央政府所焦虑的问题是地方政府之间的执法合作问题，无论是在争取资源还是执行制度上，地方政府之间都是难以进行合作的。塔波特曾指出：当合作成本或交易成本较低，或从共同提供的公共物品中所获得的预期收益大于预期成本时，地方政府间倾向于自发性合作；当协商成本过高时，地方政府缺乏共同提供公共物品的激励，合作将会是困难的。[①] 地方政府在构建执法体系过程中，更为关注的是效能问题，大多数执法活动本身是无效益的，但有一部分执法

---

① Charles Tiebout：*A Pure Theory of Local Expenditures*，Journal of Political Economy，1956 (5).

活动则通过强制征纳，转移控制权方式可以给政府带来一些或然性收入，我们姑且称之为"执法红利"，更为重要的是地方政府可以通过执法时机和尺度的松紧变化，让统辖范围内的经济组织、个人获得制度差异条件下出现的机会收益。此外，地方政府也越来越意识到执法者同被执法者的关系问题。一些地方政府的执法态度、方式和执法水平造成了群众的不满，加上日常性的普法教育跟不上，导致一部分群众法制观念淡薄，守法自觉性差还有群众受到执法不公，政府人员图利枉法的情况加剧了人民群众的不信任和不平衡，导致了在执法领域的纠缠、上访乃至群体性事件的大幅增加，形成了政府和民众在执法问题上的尖锐对峙。这直接影响到社会和政治稳定，将地方政府拖入公众视野，并且使地方政府及其机构的领导者存在被政治问责的风险。地方政府在关注效能的同时，也寄望执法机关中出现"依法办事的窗口越来越多，学法用法的公务员越来越多"的景象。

通过上面的分析，我们看到了关于执法权及其配置方面有着焦点性的政策问题和丰富的政策议题，我们需要在拥有更丰富的实践经验、更开阔的观察视角的基础上，对执法权的政策变迁进行分析。

第二节　政府综合行政执法的多维度分析

改革开放三十年以来，政府从宏观的行政管理体制到具体的政府工作模式，从政策到法制都发生了大面积的、深层面的变化，我们需要找到一个好的问题和一个好的分析框架来诠释我们感兴趣的现象。首先，一个好的问题要满足的条件是能够包含时代变迁、制度转换过程中的各种显性、隐性的矛盾，问题当中有可以提取的变量，不同的主体在识别问题、评价问题、规划解决问题上存在着差异，而且问题的解决过程有切实的本土特色，能够把广泛的社会资源聚拢过来。政府的执法权配置就是一个很好的问题，然而这一问题非常宏大，我们可以从中撷取出更具有标志性意义的子问题来加以研究，如地方政府的综合行政执法活动。综合行政执法是指依法将若干行政机关的行政执法权集中起来，交由一个行政机关或者一个任务型组织统一行使，原有的行政机关不再行使执法权制度的设计。依照行政处罚法的规定，1997 年国务院决定在北京市西城区进行相对集中行政处罚权工作试点，2000 年国务院办公厅发布了《关于继续做好相对集中行政处罚权试点工作的通知》；2002 年 8 月国务院发布了《关于进一步推进相对集中行政处罚权工作的决定》；2000 年 10 月国务院办公厅转发了中央编办《关于清理整顿行政执法队伍实行综合行政执法试点工作意见》，并决定在广东、重庆进行综合行政执法试点。在此，需要对相对集中行政处罚权和综合行政执法这两个范畴加以说明。2003 年 2 月 21 日中央编办、国务院法制办下发的《关于推进相对集中行政处罚权和综合行政执法试点工作有关问题的通知》（中央编办发〔2003〕4 号）中规定，相对集中行政处罚权是根据行政处罚法对部分行政处罚权的相对集中，综合行政执法则是在相对集中行政处罚权基础上对执法工作的改革。综合行政执法不仅将日常管理、监督检查和实施处罚等职能进一步综合起来，而且据此对政府有关部门的职责权限、机构设置、人员编制进行相应调整，从体制上、源头上改革和创新行政执法体制，解决行政执法工作中存在的许多弊病，进一步深化行政管理体制改革。有的研究者认为这是两个不同的概念，应该说，这两个词汇是有所不同的。① 从使用时间先后来看，相对集中行政处罚权提出在前，而综合行政执法的提出时间要晚一些；从政策覆盖面来看，综合行政执法的深度、广度都超越了相对集中行政处罚权。但两者的关系是密不可分的，没有相对集中行政处罚权的实验，就不可能有后续更大改革力度的综合行政执法。目前该项工作已进行较长时间，各地和有关部门对此项工作积累了比较丰富的研究素材。其次，一个好的分析框架

---

① 马春生：《开展相对集中行政处罚权和综合执法的几个问题》，《政府法制》2005 年第 19 期，第 36 页。

都必须准确符合科学理论的标准，框架的概念和假设必须相对清晰，包含明确的规范性因素，能够界定清楚因果因素，框架内部能够保持一致，能保持广泛的适用范围，能够聚焦大部分的思维和行为过程，并且对价值和利益、信息流向、制度安排和多样化的社会经济条件保持强大的解释能力。在此我们尝试将两者结合起来，对地方政府综合执法体制进行深入的理论加工。

一、围绕着执法体制进行的政策调整——多源流分析框架的理解

约翰·金登在 1984 年提出了一种多源流分析框架（the multiple-streams framework），把政策过程看成由行为者和过程组成三个源流：由各种问题的数据以及各种问题界定内容所形成的问题源流；涉及政策问题解决方案内容的政策源流；由各种选举活动和被选举官员组成的政治源流。从组织行为角度看，各种源流在通常情况下是相对独立运作的，但它们之间存在着某种相互依赖的关系，其中任何一个源流的改变将会导致或促使其他源流发生改变，出现某种耦合。政策选择是在几个因素推动或影响下的集体选择的结果，当特定的“机会之窗”允许政策主导者将各种源流汇集时，就能够成功主导重大的政策变迁。当然政策选择过程也带有一定的模糊性和不确定性。这一理论提出后成为广受欢迎的政策议程和决策解释方式。[①]

多源流分析中的问题流，取决于政策参与者对实际情况的了解方法和实际情况可否被上升为政策问题，问题必须包含明确的可感知因素。对于某种外部情况，我们可以用一系列指数（指标）来反映、描述其是否存在及其重要程度，也可以通过一些重大事件或危机事件来凸显它的受关注程度。执法权就一直受到关注。执法权从本质上来说是一种执行权，即执行代表国家意志的法律的

---

① 约翰·金登：《议程、备选方案与公共政策（第二版）》，丁煌、方兴译，中国人民大学出版社 2004 年版，第 2 页。

权力。现代社会中,行政机关基于强大的行政权力而对当事人的权利会产生很大的影响。所以就那些对当事人能够产生法律影响的行政活动加以类型化规定,施以实体与程序的约束,让行政机关在执行的时候不可以随心所欲的,让当事人不因这些行为造成或者较少造成损失,这才出现了行政执法行为规制的政治话题。而执法体制重新规划中的问题源流比较突出。《中华人民共和国地方各级人民代表大会和地方各级人民政府组织法》明确地方各级人民政府应执行国民经济和社会发展计划、预算,管理本行政区域内的经济、教育、科学、文化、卫生、体育事业、环境和资源保护、城乡建设事业和财政、民政、公安、民族事务、司法行政、监察、计划生育等行政工作。也就是说,在这些领域内地方政府都可以行使正面的管理权和执法权,至于执法权的具体组织方式,上下级政府的执法关系则没有进一步说明。20 世纪 80 年代以来,随着以经济建设为中心,坚持改革开放的全面铺开和立法工作的走上正轨,地方的经济社会事务大为扩展,法律法规和政府规范性数量大为增加,执法的时间、空间和执法对象大为扩张,执法任务和压力开始呈现,各个地方政府竞相组建了为数众多的执法队伍。面对众多的执法机构、执法人员和执法权限,执法体制的组织管理问题摆在了各级政府面前。初期政府对执法机构实行的“条条管理”的思路,按照谁组建、谁管理的原则,但这种安排弊端连连。最为典型的是有的研究者描述的“多龙治水”的局面:水利部门只管水源和供水,公用事业管理部门只管城市用水及城市规划区地下水开发和利用管理,市政工程管理部门只管市政排水和污水处理,环境保护部门只管地下水的质量检测。这就形成了管水源防洪的不管供水,管供水的不管排水,管排水的不管治污,管治污的不管污水,征收取水费、管道使用费、排污费的执法部门多,控制超采地下水、城市污水排向农村则无人过问,处罚排污企业偷偷排污的执法队伍少,供排水管道、供排水质量出问题时执法部门响应寥寥。① 这种状况无助于提升效益。执法部门机构膨胀、事权增加和财政支持并没有带来执法效益的同步提升，反而在经济、社会管理领域出现了诸多“没人管、管不了、管不好”的执法怪象。有的场合下来自四面八方的执法者多头执法、轮番上阵，造成了“大炮打小鸟”和执法扰民；有的时候诸多的执法者却围绕着该由谁来行使权力发生争执，人为分割统一的执法职责，形同“只见树木，不见森林”。再次是执法失和。过多的主体参加执法活动难免出现集体行动的难题。一方面，挤进执法圈子的部门和人员越多，在执法职权上越容易发生交叉、撞车现象，不能开展合作。另一方面，执法领域缺乏统合和权威，时间一长就会产生部门壁垒、路径依赖，执法的统一性受到挑战。最后是执法异化。执法队伍一夜之间增多，但在执法机关行使权力、履行职能过程中，政治、行政、经济、法律责任的查明和追究缺乏具有可操作性的办法，执法人员素质良莠不齐，不少执法队伍为了自身利益而纵容乱处罚、乱收费的现象，执法不规范的问题以及执法腐败有了容身之地。综合起来看，执法体系面临的突出问题是：执法体系过度扩张，无法形成合力，逐渐失去监控。

金登对多源流分析中的政治源流的最初看法包括国民情绪、压力集团的争夺行动以及行政或立法上的换届；另一位学者扎哈里尔迪斯将政治源流的三个维度整合成一个概念变量，用执政党的意识形态来标示。② 执法权体制重新规划中的政治源流是非常清晰的：一是改革的强大推力。从 20 世纪末开始，改革成为举国上下使用频率最高的词汇之一，无论是在经济发展、思想文化、社会管理还是对外交往领域，各种有组织和未经组织的力量围绕着旧事物、过渡性现象发起了一波波冲击，尤其是针对制度的改革呼

① 曾峻：《相对集中行政执法权与中国行政执法体制的改革：以城市管理为例》，《政治学研究》2003 年第 4 期，第 86 页。

② 保罗·A. 萨巴蒂尔：《政策过程理论》，彭宗超、钟开斌等译，生活·读书·新知三联书店 2004 年版，第 276 页。

声。站在唯物史观的立场上，人类社会从来没有万古不易的制度。一切制度都是为了维持社会的正常运转而设计的行为规范，随着时代的变化，合理的制度也会趋向不合理，社会就不免出现改革的声音。尤其是当制度缺陷的社会影响、政治效应足以动摇统治职能时，连执政者也会自觉或被动地卷入改革。在当代中国，在不动摇执政基本原则的基础上，社会各方面力量和执政者在改革问题上具有比较高的共识，即便改革对象是执政者的内部体系制度，也不是没有成功的机会。二是社会进步的推动。改革开放 30 多年来我们国家始终沿着一条清晰的民生法治道路前进：以人民群众生活改善为根本，以经济建设为中心，以民主法治建设为保障。在此过程中，政府的政治使命：一是简政放权，下决心将权力重心下移，逐渐建立中央与地方权力合理分配、协调一致的国家权力体制和以市场为基础的资源配置机制。三是规范治理，依法公开行使国家权力，提高国家权力运行的公开性和透明度，让人民群众有权利知道，有能力监督国家权力运行；推进国家机关工作人员的职业化与专业化进程，完善内部工作程序与各项议事规则，保证权力合理性运行，形成与现代国家与现代社会相适应的现代化政府。① 上述政府的政治使命并不是只停留在口头上，而是在具体的政治生活中孕育、潜移默化，在局部领域、部门地区率先试验，我们可以看到很多地方政府都尝试了各式各样的政治发展方案，如基层民主建设、城市管理体制调整、医疗社会保障制度试验，中央政府鼓励这些地方政府推动的进取性的政治行政试验工程，权力下放、鼓励改革被视为一个积极的信号。

多源流分析中的政策源流往往针对战略目标提出正式化程度不同的意见主张。它们由制度体系内或体系外不同的人所提出，专家们则尝试采用各种方式来进行试验和检验，并将意见主张合并、取消或维持。在诸多的意见主张中仅有少数能引起高度重视，

---

①　葛洪义：《经济发展离不开民主法制建设——以改革开放 30 年广州发展为视角》，《法治论坛》2009 年第 2 期，第 214 页。

往往这些意见主张具有技术上的可行性与价值观念上的可接受性，才能“升级”成为政策，即能够制定出周密的具体实施计划或行动细则。这需要建立一定的机构和进行人员配备；要进行必要的宣传活动，在管理目标及相关问题上营造一致性立场；要进行必要的物质准备，要编制预算，落实经费；要确立领导权威和组织权责，向下属传达政策方案的目的、意义和具体要求；要进行信息交流和传递，要开展协调整合各种要素，要监控项目进展并进行反馈，要有针对性地开展激励。调整执法权配置牵涉到执法面的宽窄、执法层次的深浅、执法目标群体的流变、各个部门之间的合作能力高低，因此，需要考虑使用政策工具以及政策组合的适应性问题。政策工具是达成政策目标的手段。我们所说的发布行政命令、起草实施方案、内部管理、进行试点都可以看作是政策工具，但好的政策工具应聚焦在实现政策目标或结果的手段这一特性上，即它既是一种活动，也是一种“客体”(object)，其焦点是影响和治理社会过程。

谋求解决执法体系过度扩张、执法力量无法形成合力、执法活动逐渐失去监控的政策工具，可以从各个方面来筹划：一是采取政府机构部门调整、合并执法队伍的办法消减执法主体数量，减少职权重合现象。二是在职能部门之上再建立一层指挥架构，如领导小组、委员会、办公室，建立议事协调机制和共同高层决断机制。三是非正式体系，如集中整治、联合行动，把执法职权临时集中起来。四是用实质性行动改变执法权力和执法队伍分散、多重的现状，做“1＋1＞2”的工作。

成熟的政策流变过程应当是通盘考虑，把制定规则、彻底执行、组织协调、指导督促等职能融合起来，需要考虑三方面的因素。一是解决问题不能依靠单一的政策工具，而应当开发网络结构型的政策组合。判断政策工具组合的维度包括规模、模式、能力、一体化程度等。政策工具的规模、模式、能力都是相对可控的，政策工具的一体化主要是针对组织特征而提出的。一般而言，规模较大并具有竞争模式、管理能力较低、进入限制相对较少的组织形态一体化程度较低,更倾向于通过量变达到渐进发展。规模较小且处在相对团结的模式下、管理能力较高、进入限制较为严格的组织形态一体化程度较高,更倾向于遵循一种突变剧变模式。作为行政体制,在组织、运行方式以及工作负荷方面和立法、司法体制有很大的不同。它既不是组织化程度高的"铁板一块",也不是组织化程度低的"各自为政",如果忽略组织特征而使用政策工具,会带来各种问题,甚至会冲击到行政体制本身,因此要慎重设计政策工具。二是以政策工具的执行影响为重点评判标准。学者盖恩(Gunn)等提出了最优政策执行的十个前提条件:①执行机构的外部环境没有太多的限制;②项目必须有充足的时间和资源;③不仅整个项目没有资源限制,而且执行的各个阶段有充分的资源保证;④需要执行的政策建立在正确的因果关系理论基础之上;⑤在原因和结果之间存在直接的联系,并且很少有间接的联系;⑥只有唯一的执行机构,这个执行机构并不依赖其他机构,即使依赖其他机构,这种依赖性也应该在数量和重要性上最小化;⑦必须要对达成的目标有充分的理解;⑧必须要对达到目标所需要完成的任务进行详细分解,并且弄清它们的先后顺序;⑨各个因素和机构之间拥有充分的沟通和合作;⑩权威机构人员能够获得完全的认同。[①] 三是认真考虑政策流当中的"溢出效应",即在某一部门或某一具体政策领域的成功意见主张可能会迫使其他部门实行同样的政策,以期获得同样的成功,有的时候效仿者甚至很少认真考虑此种政策是否本部门存在的实际问题相符合。

上述关于执法权政策建议有的已付诸尝试,有的经过了理论上的规划论证,我们根据政策理论,结合近年来的行政执法实际情况再加以分析。第一项政策方案实质是行政性、强制性减员的方法。在1993年、1998年、2003年国家都进行了大规模机构改革,在中央政府层面上合并精简了一些部门,对地方政府的要求是不

---

① 李文钊:《论政策执行的影响因素及其理论模型》,《中共宁波市委党校学报》2003年第4期,第12页。

必完全遵照中央政府的体制进行机构对口，可以根据实际情况决定受到改革方向影响的政府机关去留。第二项政策建议实质是设立设置类似任务型组织的机构来承担对众多执法队伍的管理任务。任务型组织是一种为应对社会生活中出现的某些非常规任务而临时设立的，旨在解决特定问题或达成某项目标，完成某项任务后就解散的组织形式。其存在的目的就是此专项任务的解决，在完成任务后即归于解散。它具有八个特征：暂时性(Temporary)、身份差异的最小化(Minimum Status Differentials)、专业化的管理者(Professional Managers)、灵活性和适应性(Flexible and Adaptive)、相当的分权和授权(Considerable Decentralization and Delegation)、复杂性(Complexity)、超敏性传感器和社会敏感性(Supersensitive Sensors and Social Sensitivity)、目标导向(Goal Directedness)。[①] 我国长期以来采取的专班、领导小组等就带有此种组织的特点。通过这种组织，决策者可以获取较多的信息，但我国的行政执法实践中并没有领会任务型组织的精髓，没有全面遵循任务型组织的组建和运行。虽然这种组织发挥了一定的协调矛盾、统一指挥的作用，但带来了机构膨胀、层次繁多、成本骤增、权威性削弱等方面的问题，同样染上了科层官僚机构功能失调的“帕金森病症”。第三项政策建议实质是不触动现有的执法机制，而是采取非正式的方式整合执法体系。这种方式的效果治标不治本，在执法名义、执法内容、执法效力、执法经费分摊、执法效果巩固、内部执法争议处理、执法监督上都存在着难以克服的问题，尤其是容易演变成运动式执法。“运动式执法”是到目前为止我国政府最为依赖的一种治理手段，是一种针对管理中的一些顽症进行集中整治的方式，因而表现出临时性、间断性和强制性等特征。[②] 尽管

① 张康之：《任务型组织研究》，中国人民大学出版社 2009 年版，第 12 页。

② 唐贤兴：《中国治理困境下政策工具的选择》，《探索与争鸣》2009 年第 2 期，第 50 页。

也有学术观点要求在中国现实环境下重新审视运动式执法，给它比较中肯的评价，但在行政执法实践中，运动式执法的缺乏长期目标、人治倾向、成本漠视、工具效应以及可能被违法的行政相对人找到有效回避应对的方法的弱点暴露无遗，它所带来的整治—回潮—再整治—再回潮的恶性循环对行政权威和效率的耗损远超过制度的正面效应。因此，有些政策方案本身存在问题，有些方案则不是本身出现问题，而是在行政治理过程中缺乏实施的基础和条件，如果贸然推行，也难以实现执法的效果。在政策问题已经充分暴露，而且可供选择的政策方案已经有比较清楚的高下之分时，政策制定者的选择应该趋向明朗化，即考虑到能够运用的有限的资源，锁定特别需要解决的政策问题，兼顾内外环境的压力和回应效果，将执法权的实质性调整排进政策议程当中。而政策的定位是从组织角度入手，根据未来的组织应当具备的一些特点，如围绕问题设置机构，更多地依靠专业人员的集体作用，组织内部的协调更多地依赖身兼数职的复合型人才，工作集体的构成将不是机械地，而是有机地，①来对行使行政执法权的主体及其资格进行重新规划，以解决过去分散执法面临的横向关系、纵向效率问题。

多源流分析非常重视"政策之窗"。政策窗口出现时，问题流、政治流、政策流出现了耦合交汇的机会，政策活动家（Policy Entrepreneurs）必须迅速抓住机会开始行动，否则就会失去机会等待下一次机会的来临。综合行政执法政策形成过程中的政策窗口的出现应归因于《行政处罚法》的出台。该法第 16 条规定，国务院或者经国务院授权的省、自治区、直辖市人民政府可以决定一个行政机关行使有关行政机关的行政处罚权。受该法启示，北京市人民政府办公厅 1997 年向国务院报送《关于开展城市管理综合执法试点工作的函》（京政办函〔1997〕），要求在北京市宣武区（今西城区）开展城市管理综合执法试点工作。经国务院领导批准，国务院

---

① Hodge, Billy J., Anthony, William P.: *Organization Theory* (*3rd Ed.*), *Boston*, *MA*: *Allyn and Bacon*, Inc.

法制办于1997年3月7日给北京市人民政府办公厅发送了《关于在北京市宣武区开展城市管理综合执法试点工作的复函》(国法函〔1997〕12号),同意北京市政府的申请。以此为标志,行政执法体制配置改革实践走出第一步。① 相对集中行政处罚权和综合执法的领域已从最初的城市管理领域,逐步扩展到文化、旅游、矿山安全、农业、林业、水利、交通等多个领域。一项被命名为相对集中行政处罚权的政策由此生成。在这项政策当中,地方政府可以经国务院或者上级政府授权,根据实际需要将若干个有关行政机构的行政处罚权集中起来,交由一个行政机关统一行使;原来的机构则不得再行使被划归统一行使的行政处罚权。② 这一政策可以在任何一个领域进行,只要存在执法主体资格乱、处罚依据乱、执法程序乱以及多头执法、交叉执法、重复执法、执法效率低下的地方均可以进行改革。

二、综合行政执法运行:中国式的渐进政策过程

理论界大多数观点都认为改革开放以来,我国在政治变迁和制度创新上走的是一条渐进式道路。③ 林德布罗姆的渐进式政策模型认为,一项政策的制定,其时间、信息、金钱等资源是有限的,决策者的能力也受到有限制,此外还面临政策目标与手段的相对性,过去决策的正当性与当前决策的不可预测性,沉淀成本,政治上的可行性等问题,因而公共政策最好是基于过去政策的调整而形成。在渐进式政策过程中,按部就班原则、积小变大原则和稳中求变原则是根本。按部就班原则是政策制定要以现行政策为基

① 青锋、江凌:《相对集中行政处罚权制度发展历程及实施情况》,《城市管理与科技》2010年第1期,第36页。

② 方军:《相对集中行政处罚权调查报告》,载于应松年、袁曙宏主编:《走向法治政府:依法行政理论研究与实证调查》,法律出版社2001年版,第428页。

③ 虞崇胜、叶长茂:《改革开放30年:中国渐进式政治制度创新的基本特点》,《江汉论坛》,2008年第7期,第70页。

础，不能完全颠覆政策基础，对以往政策的政治承诺要信守。积小变大原则是指注重对现行政策的修改与补充，以弥补缺陷为首要工作，并不强调全面性的从头开始的创新，也不能无所作为。稳中求变原则强调目标与方案之间的相互调适，要注意反馈调节，在试探和摸索中前进，不能一劳永逸。① 由地方政府开创的综合行政执法在我国地方政府法制建设的发展进程中影响是相当大的，它的政策过程迄今还未完成，我们可以观察出在一些方面的渐进式特征。

1. 综合行政执法的适用范围采取了渐进铺开的思路

先在个别自我政策需求比较强烈的城市辖区内开展相对集中行政处罚权试点工作，成立区一级的城市管理行政执法局，并把分散的执法机构聚拢，成立城管执法大队。在这一领域收获了执法力度增强，执法成本降低，部门间推诿扯皮现象减少的效果后，地方政府进一步对同一管理领域内执法机构多、执法主体不统一的体制性问题各个击破，对一些在管理与执法方面专业性较强或者具有特殊性的执法部门加以改造；在国土资源管理、文化市场管理、安全生产管理、交通行政管理等方面逐步组建跨部门的综合执法队伍。在完成区一级的综合行政执法体制的优化之后，又进一步铺开到市一级、省一级，由经济发达地区向不发达地区逐次推开。

2. 综合行政执法政策的时间序列上采取了渐进推行策略

综合执法体制的构建经过了初创建立阶段，即 1996 年《行政处罚法》的颁布至 1997 年 3 月 7 日国务院法制办对北京市人民政府在宣武区（今西城区）实施相对集中行政处罚权制度的批复试点；扩大阶段，即国务院法制办批复至国办发〔2000〕63 号文件《关于继续做好相对集中行政处罚权试点工作的通知》发布；试点规范阶段，即国办发〔2000〕63 号文件的发布—国发〔2002〕17 号文件

---

① [美]查尔斯·林德布洛姆：《决策过程》，竺乾威等译，上海译文出版社 1988 年版，第 29 页。

《关于进一步推进相对集中行政处罚权工作的决定》发布；总结推广阶段，即2002年国发〔2002〕17号文件发布后。尽管这一阶段划分选择中央政府的政策作为时间坐标，但中央政府实际上没有为地方政府的综合执法体制建立制定时间表，地方政府也没有坐等中央政府的政令，而是自主性地开展了这项工作。现在，各级地方政府在综合行政执法的制度推进和完善上仍没有止步。

3.综合行政执法的政策影响面上体现了渐进伸展

地方政府先选择了违法情势比较严重、执法难度大的城市管理领域来实施。这一试点领域的社会管理事项较多，而在与经济发展、政府财政收支关系较小，一个小的“螺蛳壳”里进行制度试验，避免了过大的制度冲击。而且地方政府针对自身职能权限和施政重点在诸多行政行为当中抽出了具有一定代表性的行政处罚领域设计执法方案。当政府部门通过综合执法出现了依法管理的风气变浓，不作为、乱作为的现象减少迹象，有证据证明执法效能的硬指标和软指标都得到提升之后，地方政府才开始着手将综合行政执法固定下来，将审批许可职能、行政征收职能、行政强制职能和行政处罚职能进行分隔，使得政府各个部门的管理职能清晰起来，并通过综合执法的示范和带动来消减上述行政管理过程中“拍脑袋”决策，公务员懒、散、乱现象。

4.综合行政执法由政策转换到法律过程采取了渐进过渡的方法

在过去，关于行政处罚权及其主体资格的规定由行政机关自己掌握，行政机关可以根据自身来构建执法体制。在1996年行政处罚法出台之后，这一局面发生了变化，政府机关需要在符合法律条文和原则精神的前提下创制规范执法活动的制度。按照行政法的机理，如果一个机构行使另一个机构的职权，那就是明显的越权之举。但是行政处罚法除了严格要求执法主体合格性之外，也在执法权配置方面做出了概括式规定以及授权行政机关进行不同制度设计的规定。于是行政机关围绕着行政处罚法做文章，从外围开始，先解决机构问题，再解决权能问题；先解决行政机关内部组织问题，再解决对外执法问题；先解决执法权集中问题。再解决政策制定职能与监督处罚职能相对分开、监督处罚职能与技术检验职能相对分开的问题，步步为营，层层推进，把调整的深度延伸到法律和法规层面。在完成了行政处罚领域的政策调整后，现在有的地方政府还在持续推进，如2009年底北京市规划委出台《关于建立制止和查处违法用地、违法建设联动工作机制的意见》，宣告由规划、国土、建委等部门对违法用地和违法建设进行联动执法。据北京市有关部门介绍，对违法建设以前的做法是由物业出面制止；制止无效后物业应举报到城管部门，由区（县）政府向法院申请行政强制执行措施；法院下发强制拆除通知后，再由乡（镇）政府勒令其停工或拆除。从发现违建，经法院勒令停工或拆除，最终到违法建设拆除大约需要10个月。现在，一旦发现违法建设，就可以将违法建设情况直接移交到区（县）政府，由规划、国土、建委等部门进行联合执法，不再经过法院，就可以直接勒令违法建设停工或拆除。如果没有拆除，监察部门还可以追究责任。从法律层面讨论，目前我国尚未出台行政强制执行法，地方行政机关的这一举动是否有足够的法律依据，过去申请法院强制执行的做法是否一定要坚持等问题可能还存有一定的争议。但从政策角度看，这个制度有一定的亮点，它巧妙地发挥了综合行政执法的“蝴蝶效应”，把集中行使行政处罚权的思想和举措推动到了行政强制领域，为今后立法正式确认做好了渐进式的铺垫。

如果从保守、稳妥、进取这几个维度来判断决策风格，地方政府综合执法体制的建构应当是一种介于稳妥与进取两个维度之间的政策。目前理论界和政府工作部门对综合行政执法工作多持正面性评价。认为它从总体上牵动了地方政府总体行政管理体制的变革，实现了地方政府行政执法权的分权与监督制约，对转变地方政府部门与行政执法机构的职能和管理方式，起到了直接的推动作用。有些地方也达到了“精简、统一、效能”和决策、执行、监督协调等令人满意的效果。但是，执法体制转型是一个庞大的系统工程，牵涉到诸多互相制约、互为因果的制度链条和环节。现在这一执法体制也只能算是处在运行初期，在制度统合力、顺畅性方面有着较好的表现。随着执法体制的不断深入，会面临更为复杂的利益格局和新出现的各种矛盾阻力，届时还有必要对执法体制进行进一步调整。比如把执法事务和公共服务的关系理顺，建构真正意义上的任务型组织，把不一定适合综合执法的领域分立出去，以保持综合行政执法体制各个链条和环节的相互适应，相互配套，相互促进。

第三节　政府行政执法权与部门垂直管理执法权之间的合理配置

所谓垂直管理，一般是指中央政府及其部门在地方设立分支机构或派出机构，并在业务、编制、人事、经费等方面对其进行直接管理的模式。垂直管理是任何政治体系在处理中央和地方关系上的必备制度选项。在美国，由于联邦政府的权力日益扩张，联邦政府在地方设立了为数众多的分支或派出机构。联邦政府15个内阁组成部门绝大多数在地方设有垂直管理机构，负责执行联邦政府专有职能范围内的社会服务和管理事务，负责经济管制事务在地方的实施，并监督、协调州政府和地方政府执行联邦法律和项目。① 当前我国存在着国务院垂直管理和省以下垂直管理两大类情况。前者主要是海关、金融、国家税务、外汇管理、证券监管、保险监管、银行监管、民航地区管理、流域管理、出入境检验检疫等机构或单位，这些部门在地方的行政组织的性质是主管部门的派出机构或分支机构，直接受主管部门的垂直领导。后者指中央政府主管部门对省级政府工作部门有领导或指导关系，省级政府对工作部门也有，但省以下实行垂直管理，省以下的地方政府对这些机构、单位没有领导关系，如工商行政管理、地方税务、质量监督等机

---

①　储凯、沈荣华：《发达国家中央垂直管理机构设置的做法和经验》，《学习论坛》2009年第12期，第44页。

构,可以称作半垂直领导。①

近年来,国家将“规范垂直管理部门和地方政府的关系”作为我国行政管理体制改革的重要任务。部门垂直管理作为一个总体概念,又可以细分出垂直管理执法、垂直管理财政、垂直管理人事等问题。现在理论界就垂直管理体制开展情况进行了一些研究,但就此范畴内部的垂直行政执法情况关注不够,未从理论和实证相结合的角度分析论证该项工作对我国地方法制建设可能带来的巨大影响。

一、部门垂直管理执法权的理论演绎——基于有限理性决策的产物

执法是一个总体性范畴,其内部构成是非常多元的,它既包括行政法律行为,也包括行政事实行为;既包括实体行为,也包括程序行为;既包括单方行为,也包括双方行为;既包括一定的抽象行为,也包括具体行为;既包括作为行为,也包括不作为行为。由于存在中央和地方以及不同层级的地方之间执法权限的划分和相应的执法责任配对等问题,因此可以组合出地方内部、跨地域之间、跨行政层级之间的多种执法模式。在这些执法模式选择当中就有所谓的垂直管理执法权问题。将执法权配置给地方政府部门还是配置给直属中央或升级管理的机构?权力配置后又如何实施监控?如何协调不同执法主体在理解和执行上冲突?其中必然有一定的政治逻辑考量,也需要有政策和制度来“包装”。弄清楚这些问题,才能就垂直管理执法权的运行状态以及发展流变进行准确的评估。除了法学理论本身,我们还需要借助三个方面的理论源流以便深入研究垂直管理执法权:一是组织理论,尤其是组织变革和组织控制的理论;二是府际关系研究理论,包括中央政府与地方政府以及地方政府间的关系分析;三是政策执行及影响分析的

① 任进:《规范垂直管理机构与地方政府的关系》,《国家行政学院学报》2009 年第 3 期,第 21 页。

理论。

组织与主体之间的关系主要是由命令—服从以及委托—代理等基本元素构成。[①] 组织成员的行为选择除了由组织指挥决定，受到自身利益、价值观和行为能力的影响，另外也要受到来自外界的不确定性的影响。主要的不确定性是来自行为所带来的风险。如果实施一项行为成本大于预期的行为收益，执行者就会产生相对剥夺的心理感受。这种心理感受将直接影响到对该项执行行为的选择。[②] 无论是中央政府的执法者还是地方政府的执法者在执法时都会进行预期的成本—收益的筹算，都会受到不确定性的影响，但是影响程度会有所不同，因为中央政府相应受到的预算约束和制度约束较少，组织动机、对政策信息的认知能力，确保政策正确执行的能力一般情况下优于地方行政体系。因而，对于一些价值取向不明确，在成本—收益方面对应起伏很大，没有很好的可量化评价指标体系的执法项目，可以考虑不授予地方政府，而由中央政府从上至下一条线式操作。

从府际关系的立场上看，地方行政体系的优势在于较强的自主性和动员能力，以及最大限度地使用政策资源，但地方政府总是处于权力与意愿不对称、政策需求与自我管制能力不对等的情境当中。作为上级政府，对下级的权力授予需要非常慎重，一旦权力授予出去，其后续的调整都会面临困难。在绝大多数情况下，劝说某个行政主体放弃某一项政策的决策和执行权都是非常困难的，这当中既有利益原因，也存在着权威、声望方面的政治评价。因而，对于一些专门化的、全局性的、不能分治的行政权力，或者分开运行需要耗费大量监控资源才能确保稳定行使的执法权力，最好

---

① 王赛德、潘瑞姣：《中国式分权与政府机构垂直化管理——一个基于任务冲突的多任务委托—代理框架》，《世界经济文汇》2010 年第 1 期，第 92 页。

② 丁煌、定明捷：《“上有政策、下有对策”——案例分析与博弈启示》，《武汉大学学报(哲学社会科学版)》2004 年第 6 期，第 35 页。

不轻易授予下级政府,而对于一些需要灵活运用,在职责上容易划分清楚的权力可以交由地方政府来掌管。

从政策执行的角度看,存在着一个公共政策选择性执行的问题。[①] 政府作为公共行政主体或者是法律权威,应当完整、正确地执行法律和公共政策,达到预期的管制和服务目标。但在实际过程中,我们往往看到一些法律政策执行者被有区别、有选择地执行。有的执法者依据自身的偏好制定出与法律政策表面上相符合,而实质上相悖的执行方案;有的执法者从自身的利益出发,挑选法律政策中对自身有利的部分执行,对自身不利的部分就不执行;有些执法者利用信息不对称的掩护对法律政策采取有时候执行有时候不执行,开始执行后来不执行以及制造执行情况效果上的弄虚作假。这些选择性执行背后的支配因素是自身利益、价值观以及对政策的理解力,当然不仅是政府,任何一个组织都会出现类似问题。这一问题在地方政府以及地方政策的执行中表现得尤为明显。有些执法者和地方政绩目标实现非常紧密,容易受到地方政府任期和官员调动的影响,这些政策最好不要交给地方政府来主导执行,以便于消除地方利益和政绩优先对执法活动的冲击。

改革开放 30 多年来我国法治建设的着力方向之一就是建立一个中央与地方之间分权的政治经济体制。分权,首先而且着重在经济领域,其次扩展到政治、文化领域。分权的要义在于保证中央的统一领导,地方各级国家机关必须按照中央确定的地方职权范围开展工作,要依靠法律确定中央和地方的权力分配格局。[②] 在分权政治运作当中,体现适当集权的垂直管理的出现,俨然成为一个反向性的话题。如果考虑从执法权的多方向划分和多层次配置来实现执法活动的顺利开展,可以将其视为一项有限理性的决策。

---

① 邓晰隆、陈娟:《"公共政策选择性执行"问题及其对策研究》,《甘肃行政学院学报》2006 年第 4 期,第 17 页。

② 葛洪义:《以地方法制建设推动国家法治发展:法治国家与地方法制》,《法学》2009 年第 12 期,第 14 页。

“有限理性”的思想主要来自于获得诺贝尔奖的经济学家西蒙。他认为人的行为是有意识的理性，但这种理性又是有限的，由于环境的复杂，在做出经济、政治行为时，面对很多不确定性和信息不完全，人们对环境的计算能力和认识能力是有限的，任何备选方案和策略的可能结果都不可能是已知的。人们在决定过程中寻找的并非是“最大”或“最优”的标准，而只是“满意”的标准。[①] 中央政府在构思从中央到地方全面覆盖的执法权体制的时候，明白面临环境的高度变动性和复杂性，也明白不可能穷尽所有的备选方案并觅得最优的执法权配置之道，便转而寻求一个令中央政府比较放心，而地方政府能够接受制度安排较好的行动方案，同时这一方案也能保持一定的弹性，这可能就是部门垂直管理执法权在现实经济、法制、行政条件下得以存续发展的一种可能解释。

二、部门垂直管理执法权与地方政府执法部门的关系调适

实施部门垂直管理执法权，使中央政府在一些关键领域的调控权和否决权得到了维护，市场经济所需要的一些政令不至于在地方经济、社会生活中受阻，地方保护蔓延的现象受到一定的控制。但是问题也是客观存在的，有些甚至比较尖锐。首先是“不对称执法权”的问题，在同一地域空间内对同样的行政相对人有两套高度独立的执法体系，尽管执法内容上有差异，但从权力板块上看是此消彼长的，垂直管理行政执法权越多，地方政府的执法权就越限缩，地方的积极性也会受到影响。其次是类似“双重政府”的现象，地方政府执法权是条条管理，而垂直管理执法权是块块管理，有些执法事务介于条和块监管的共同领域，如市场监管、土地管理、环境保护等，一旦双方都出手就会出现交叉执法，极易产生矛盾争议，而双方都缺乏足够信度的统筹协调能力。再次是“执法盲

① 西蒙：《西蒙选集》，黄涛译，首都经济贸易大学出版社 2002 年版，第 15 页。

区”问题，主要包括两种情况，一种是都发现了违法情形，但都互相观望，不主动出击；而另外一种是自我设限，虽然发现了违法情形，但都认为是对方管理权限范围，自己无权管理。结果是任由违法行为发生，政府反应迟滞。其四是“消极执法竞争”，主要指在一些需要地方政府执法力量和垂直管理执法相互支持配合的执法领域，如环保、土地、市场监管等领域，地方不配合垂直管理执法部门，或者垂直管理执法部门不按照地方政府的部署统一行动。长此以往，更助长了各自为政，互相掣肘，为行政级别、执法依据的效力等方面的问题产生争执，导致执法效率丧失。①

前面分析中已经揭示部门垂直管理执法权之于中国的法治情况特别是地方法制环境，只能视作一种有限理性的决策方式，其存在的问题是难以得到根本解决的。合理划分和依法规范各级行政机关的职能和权限，理清部门垂直管理执法权是一项浩大的工程，是建设法治政府中的重要一环，应该从何入手还需要学术研究者和实践工作者进一步探讨。我们在此的初步意见有以下几点。

第一，作为构建这些机制的前提，是要本着执法主体的“人、财、事”相对应的原则，规范部门垂直管理执法队伍的编制、人事关系、经费问题，尤其是充分考虑执法权力所牵涉的财政制度。上一轮分税制改革开展于 20 世纪 90 年代，虽经几次调整补充，但是中央政府和地方政府财权和事权方面的不对称现象还是比较突出。相比地方政府执法主体，垂直管理执法部门虽然可以得到中央政府财政的稳定支持，但是其经费不尽充裕。有些地方政府执法部门的事权虽然被划转给了垂直管理执法部门，有些场合下垂直管理执法部门也与地方政府执法部门开展协作，但是地方政府的财政系统显然不可能向垂直管理执法队伍提供经费支持。相同的情况同样发生在垂直管理执法部门需要借用地方政府及其执法机构力量时。地方执法和地方法制建设需要这两股力量，在财政经费

---

① 沈荣华：《分权背景下的政府垂直管理：模式和思路》，《中国行政管理》2009 年第 9 期，第 38 页。

和人员等方面的保障上也应当做到一视同仁，不应保留甚至人为地制造一些差距，带来攀比和地位责任失衡的结果。

第二，将垂直管理执法部门与地方政府执法机关之间的关系实现法制化和规范化。法制化是在政府组织法与行政处罚、行政许可、行政强制等法律规范中以明确的条款载明垂直管理执法权问题，特别是关于垂直管理执法权的界限问题。《国务院办公厅推行行政执法责任制的若干意见》中提到，垂直管理执法权首先要做好执法职责界定的工作。但是到底是采取逐条列明还是概括表述的方法，抑或是兜底保留式的条款还没有令人满意的结论，这个问题和我们如何看待地方法制在法治国家中的位置息息相关。如果持以地方为本，将地方法制事务主要界定为地方性事务的态度，就应当对垂直管理部门的执法权边界采取保守、限制式的界定方法。反之，就可以对部门垂直管理做出开放性的规定。无论是哪种规定方式，都要避免事事通过行政渠道协商，法律成为空文的局面。规范化是增加其在技术层面上的合理性和现实性，与地方政府的决策、执法体制紧密的衔接，在业务协调上形成制度化的解决方案，形成良好行政的氛围。学者 Daniel A. Mazmanian 和 Paul A. Sabatierd 曾提出“良好行政”的几项条件，其中有些方面很适合垂直管理执法权与地方政府行政执法权共处的法制化和规范化，主要包括法律部门应当制定清晰或一致的政策，至少为解决目标冲突提供实际的标准。法律部门应该建立一种合理的理论，这种理论能够发现主要的影响因素，以及影响政策目标的因果联系，并给予执行官员足够的权力以便能够实现目标。法律部门建立的执行过程应该能够尽可能地使执行官员和目标群体按照既定方式行事，包括为一些机构分派任务，提供支持性的决策规则，足够的财政资源和畅通的接触渠道。执行机构的领导者应该能够拥有足够的管理和政治技能，并能够忠实地执行法定目标。随着时间推移，法定目标不会因为相冲突的政策目标出现而变得重要性减弱，或者也不会因为社会经济、技术的变化而使法令的因果理论弱化。[①]

第三，在垂直管理执法部门和地方政府执法部门之间创造集体行动的机会。奥尔森提出集体行动理论之初，认为它适用于小集团的"经济人"之间，后来又被广泛地用于分析各类社会组织。[②]集体行动中会遭遇到两大类难题，一是"搭便车"，二是争夺"公共池塘"。具体到行政执法活动当中，部门垂直执法机构和地方政府执法部门可能在面对条块交叉体制的情况下，都不倾向积极执法，或有针对性地对地方领域开展执法，相互拉锯角力，或者在面对执法红利时产生争夺，形成冲突。我们经常强调局部利益服从全局利益，中央利益和地方利益是统一的，实际上就是针对不同的利益认知主体提出的集体行动倡议。集体行动难题的解决主要手段有树立共同的目标，鼓励相互交流和参与，选择性激励，外部力量的干预等。有的研究者提出在双方容易发生矛盾冲突的共管事务领域，如环保、土地、贸易、投资、市场准入等采用督办性垂直管理，在审计、财政、监察等不宜实行实体性的垂直管理的领域，视情况采取督办性的垂直管理或巡视制度等，以保证中央政令统一，令行禁止。但我们的不同看法是实施督办并不应当将地方政府执法意向和行动作为工作任务，而是将增加两类执法机构的行动意愿，增加合作解决问题能力作为根本目标，并且，自上而下的"督办、纠察"制度的效果是不能持久的，比较明智的做法是一种上下交互的"灌输"、增能，使两类执法机构在地方法制的棋盘上各有所据，各显其能。在部门垂直管理执法权和地方政府行政执法权之间建立公务协助、会商制度的设想已经提出有一段时间，但是在实际实施当中却缺乏相应的机制，如遇到什么情形需要协商，由哪个机关来主持

---

① Daniel A. Mazmanian and Paul A. Sabatier, A *Framework for Implementation Analysis and Public Policy*, Scott, Foresman and Company, 1983.

② 赵鼎新:《集体行动、搭便车理论与形式社会学方法》,《社会学研究》2006 年第 1 期,第 1 页。

协商，争议的调停者、裁决者如何选择等。我们的看法是协商的基本出发点应当是增强地方法制的资源和能量，让地方政府执法机关和部门垂直管理执法机关都按照法制伦理而不是行政伦理来行动，可以考虑由地方政府法制工作部门或者双方共同上级的政府法制工作部门来主持两类机关之间的协调会商，以确保协商主题的纯净化和协商效果合乎法制的要求。

第四，对部门垂直管理执法权和地方政府行政执法权形成同步监督制度。《国务院办公厅推行行政执法责任制的若干意见》中提到，部门垂直管理执法机构的行政执法责任追究问题，由上级部门或者监察机关依法予以追究；对于实行双重管理的部门的行政执法责任，按有关管理职责规定予以追究。实行省以下垂直管理的行政执法部门的行政执法责任制工作，由省级人民政府结合本地区的具体情况予以规定。应当说两类机关接受的监督体系、监督渠道、监督力度、内外监督的介入难度还是有所不同的，我们的看法是上级机关要重视对垂直管理执法权的监督，地方政府及相关工作机构在发现垂直管理执法机构执法事务中出现的问题时，也应及时的将信息向有权机关反映。同样，部门垂直管理执法机构也应当将地方法制事务视为己任，参与到监督过程当中，形成“同行”间的互相监督。

第四节　地方政府的行政执法体制的政策子系统

在行政执法体系中，我们可以做出规则制定者、规则执行者、行为监督者、行为审查者等方面的角色区分，每一个政府部门在执法体制中都有相应的定位。前面关于行政执法体制的纵横组构方式主要是围绕着规则制定和执行方面，同时，我们需要进一步考察本级政府体系内部对行政执法体制的监督、审查作用机制。政府体系内部发挥这一作用的主要是政府法制工作部门和监察机关。在本课题研究中，专门有章节涉及这两个部门的角色职能，在此主要是围绕行政执法体制配置和运行过程中形成的“政策子系统”①，描述法制工作部门和监察机关如何从不同的角度，通过不同的方式影响执法活动，这两个部门同政府执法部门之间的两两关系和三角关系的机制如何。

现代化的政策系统是由信息、谘商、决断、执行和监控等子系统所构成的大系统。子系统之间各有分工、协同一致，共同完成政策过程及其各项功能活动，促使政策大系统的运行得以顺利展开。

首先，我们来看信息子系统，信息是政策制定、执行、评估和监控的依据，没有信息，公共行政过程就无法开展。信息子系统的工作机制包括信息收集机制、信息加工处理机制、信息传递机制。首先要通过各种手段和途径，收集内部和外部的有关资料；其次必须对资料分析整理、编码归类、加工纯化及储存；最后是使用准确、清晰的术语，将各种信息及时地传递到使用者的手里，防止传输过程中的损失、失真。应当说，目前行政机关在信息处理的技术、方法、完善程度还存在着慢、粗、乱的问题。慢是指对实际变化的情况反映不及时；粗是指反映实际情况的信息不精确；乱是指缺乏科学管理信息的方法。执法过程包含着各种公共信息以及执法者、行政相对人方面的信息，除了上述现象外，还有一个更令人担忧的现象，就是执法者为了自证行为合法性，会倾向于采取“信息过滤”和“选择性接受”的信息处理方式，在执法者—行政相对人这一组信息渠道外，非常有必要开辟其他的信息通道，比如政务公开可以帮助当事人了解更多行政机关的行动逻辑和权力边界，行政案卷可以帮助第三方了解行政执法的过程中原始的、真实的资料。行政内部的信息通道也非常重要，现在，政府法制工作部门掌控着执法机构的职能范围、资源情况、执法证情况、行政执法责任制运行情况，监察机关掌握着执法机构的人员情况、政风情况、过往执法差错情况信息，而执法机构则从法制工作部门、监察部门处获取执法

① 迈克尔·豪利特、M.拉米什：《公共政策研究：政策循环与政策子系统》，庞诗等译，生活·读书·新知三联书店 2006 年版，第 6 页。

权限信息、行政执法责任制查核信息、被投诉信息、行政案卷评查等方面的信息。法制工作部门、监察机关掌握的信息有些是从执法机关直接采集的，有些则是通过行政相对人和公共信息渠道采集，可以减少信息的偏差，这样就基本形成了一个多支点的执法决策信息子系统。

其次是谘商子系统。谘商子系统提供参谋或智囊服务，它由外部的政策研究组织专家、学者和政策系统内部的相关参与方组成，谘商子系统在政策活动中的主要作用包括政策问题分析、政策方案设计及注解、政策未来预判、其他政策相关问题的咨询、政策评估参与等。我国政策运行过程相当缺乏这一子系统。在执法体制政策的形成过程中，法制工作部门充分发挥了谘商职能，运用政策和法律知识分析了执法现状，为本级人民政府的综合执法体制方案的设计提出了大的框架和具体的议程。对于行政处罚、行政强制、行政征收等方面的执法，政府法制工作部门提出的政策方案细致规划了立案、调查取证、告知、听证、法律适用、送达、执行等各个环节，如取证环节的政策设计方案中就解释了真实性、合法性和关联性的要求有哪些。在告知程序中，申明了如何告知、向谁告知、何时告知、告知的最高次数、不告知的后果等问题。在设计行政许可、行政给付、行政确认等执法事项的政策方案时，也体现了着重从当事人申请、受理、对申请的审查和决定、许可(确认)期限、许可费用等程序入手进行全面审查的思想。在执法体制的运转过程中，法制工作部门就新情况新问题处理、权限争议、行政案件处理结果等问题发表意见，并就行政执法职权界定、行政执法案卷评查、重大行政执法决定备案、行政执法主体及行政执法人员资格、行政执法人员学法培训制度等方面事项参与辅助决策。监察机关则参加执法中有争议问题的“会诊”，提供行政纪律、行政伦理方面的意见，并将纠正违法行为的决策反馈给执法部门，加强了执法体制政策系统的科学化、民主化、稳定化。

决断子系统在整个公共政策系统中居于核心地位，它负责主导政策问题的分析和有关的政策议题的提出，考虑政策目标的确立,组织政策方案的设计,并负责政策的最终产出。决断子系统和谘商子系统是相辅相成的,尽管有的政策形成过程中某一个政策主体同时担当着“谋”与“断”的角色,但这不代表着决断子系统已经做出结论,谘商子系统所能做的只是论证这种结论的正确性。政府法制工作部门在行政执法中主要担当谘商角色,同时也参与决断,它需要在纷繁复杂的执法问题中,分清轻重缓急,抓住需要及时解决的关键问题,并在谘商过程中充当组织、协调、综合的作用,在各个具体执法机关充分发表意见的基础上,进行政治、法制和价值的权衡,并融合现实条件因素,在本级政府赋予的政策空间内做出关于执法体制中一些具体方面问题的政策决定。监察机关的决断主要是基于已经实施的行政执法活动,在此不赘述。

在执行子系统中,由具体行政机关把执法方案转变为执法效益,法制工作部门和监察机关针对执法过程中牵涉的一些动态因素做出反应,主要的工作:一是为具体执法机关的执法方案和行动细则提供保障,如对执法权限、执法责任制、政务公开进行宣传,对行政执法主体和行政执法人员的执法资格进行认证、公告和管理。二是开展执法指挥、沟通、联络等活动,如指导、组织、协调、监督、检查相对集中行政处罚、行政许可和开展综合执法试点工作的实施,对同级政府各工作部门在行政执法过程中,就管辖、执行时法律、法规理解不一致等问题进行协调处理。三是帮助分析和总结执法情况。在执法机关开展执行活动的过程中,法制工作部门和监察机关直接和间接地跟踪执法程序和执法内容,参与对执法细节的评定,执法活动告一段落后,它们又转向执法绩效考察、执法责任制检查。在大规模、专门性执法活动中,法制工作部门和监察机关不排除参加到一线执法过程中。

监控子系统是整个政策系统不可缺少的部分,它由体制内和体制外的有关部门、单位和个人共同所组成,它应当始终贯穿于整个公共政策过程中,无论是源头、过程还是结果。每一个阶段的监控应有其不同的切入点和方法手段,避免政策的变形走样,保持政策的权威性和严肃性。监控形式内容可以是多样化的,但监控的主要目标是确立政策执行的准绳和规则，提供检查执行情况的依据。对行政执法进行监控，简而言之，就是要全面跟踪执法活动由谁来执行，是否执行、怎么执行以及执行得如何，执行到什么程度，有没有不执行或执行不力等情况，并将政策执行情况及环境条件变化的信息反馈给决断子系统，以便对执法体制政策进行修订、完善或终结。在这当中，政府法制工作部门和监察机关的做法有所不同。监察机关重在管人，而且是事后性的，而法制部门重在管事、管制度，而且主要是事前性的。具体有以下几方面：

第一，从影响对象上看，政府法制工作部门比监察部门更广，举凡由以政府名义或者受政府委托的各类公共组织执行法律的活动都需要获得政府法制工作部门的执法授权，而行政监察过去主要是针对政府内的国家公务员。2010 年 10 月 1 日开始实施的新行政监察法将行政监察对象的范围进行了扩大，将“法律、法规授权的具有公共事务管理职能的组织及其从事公务的人员和国家行政机关依法委托从事公共事务管理活动的组织及其从事公务的人员”列入监察对象，实现了从以行政主体来确定监察对象向以从事公共事务管理活动为标准来确定监察对象的转变。按照这种趋势，将来从社会上招聘的城管人员、协助行政机关从事公共事务管理活动的人员都要接受监察机关的监察。第二，从覆盖领域上看，政府法制工作部门推动的执法责任制对行政执法体系实现了全覆盖，而行政监察机关对执法领域的监控是有重点、有选择的。如自 20 世纪 90 年代就已经开展的“纠风”工作，从国务院到地方政府都成立了纠风办，开展各项专项治理，主要针对了一些问题比较集中的领域的行政执法活动。国务院纠正行业不正之风办公室《关于2010 年纠风工作实施意见》中就列举了在行政执法领域的纠正重点，包括纠正和查处面向企业的乱收费、乱罚款和各种摊派行为，查处各种面向农民的乱收费、乱罚款和集资摊派行为，坚决纠正农村土地承包、流转、征收和征用拆迁中的违法违规行为；规范治理超限超载执法行为；纠正乱收费、乱罚款、以罚代管等突出问题；规范公路设站检查行为，严禁没有权限的部门在公路上设站或者上路检查车辆，纠正社保基金、住房公积金、扶贫资金和救灾救济资金以及政府专项资金在资金分配、管理、使用过程中的违法违纪行为；以及纠正环境保护、安全生产、企业重组改制、劳动争议、涉法涉诉等所存在的损害群众利益的执法问题；等等。新监察法也把组织协调、检查指导纠正损害群众利益的不正之风工作正式写入了法律。监察机关还有权组织协调、检查指导政务公开工作。对于社会的广泛关注，涉及人民群众切身利益的专项执法检查，监察机关也有义务通过一定形式向社会公布，使人民群众了解监察机关有关工作并且接受监督。在此我们可以看到，监察机关的监察工作重点是违法违纪的行政执法行为的纠正和行政风气的扭转，是处置性的，而政府法制工作部门对于行政执法的管控则是提前介入式的、预防式的。第三，在组织体制上，政府法制部门采取普通行政机关组织运行模式，监察机关则正在推动对派出的监察机构和监察人员实行统一管理，对派出的监察人员实行交流制度。作为执法监控，常驻和派员监控、巡回检查的方式是非常有效的，政府法制工作部门则不可能做到对行政执法责任制的执法者实现这种监控。

在政策系统内部具有能动性的政策子系统也可以被看作是制约与支持政策活动的相关社会规则、和社会规则相联系的组织机构、作为组织机构的政策代理人这三种因素的有机结合。[①] 由于社会和行政资源的约束，政策议程设立和政策方案建议方面的不一致，政策相关组织机构、政策行动主体与既定社会规则之间有时也会产生矛盾和冲突，如何解决这种内部性矛盾，依靠的是外部制度性约束和内部政治生态系统的调整。行政执法体制运行过程中，执法机关、法制工作部门、监察机关之间的关系并不是三足鼎立的，而是通过在上述的几个子系统中相互嵌合的，它们之间的嵌合程度越好，对行政执法体制输出的正面效应越大，如果它们之间只

---

① 严强：《公共政策活动中的子系统》，《江海学刊》2007 年第 2 期，第 22 页。

有政策宣示意义上的联动关系，而缺乏实质性的作用机制，那对行政执法的效应贡献就是微小的，甚至不排除执法系统内部损耗带来的负效应。各个部门之间的法律立场、独立见解表达机会、协商沟通能力以及它们的共同上级领导者的重视程度、行为偏好、外界压力都对部门之间的嵌合产生影响，而且每一个行政环境都是有差异的。如何更好是实现嵌合，国外学术界提出的能促(activation)理念或许能给我们一些启发。“能促”是美国社会政策专家内尔·吉尔伯特(Neil Gilbert)教授在20世纪80年代后期针首先提出的，他心目中的能促型国家(Enabling State)强调国家在解决社会福利问题时应当通过各种政策支持，建立一种能够发挥社会各个系统的共同作用来满足人们各种需要的制度框架。[①] 现在它不仅是一个政策理念，也是一种政策工具，能够指导整个公共管理、政府施政的活动。政府法制工作部门、行政监察机关对执法体制的能促作用，既包括个人层面，也包括系统层面。第一，在对执法个人的层面，包括三个方面：规则、诱因和服务。规则是指对执法人员提供执法标准和行动资格，使其明确行为方式和功能界限。诱因包括经济和政治两方面，政府法制工作部门和行政监察机关从执法依据、执法方式、执法效果、争议裁定等方面判断发挥作用的客观能力，对执法人员的工作业绩、职务升迁方面提出的有影响力的意见，进而对行政执法人员从事执法活动会产生影响，使其可以预判执法行为的自我影响效果，改变其个人选择机会。服务是政府法制工作部门向执法者提供执法行为合法性的担保和法律信息支持，帮助其改进执法方法或者帮助其化解在执法争议中所处的不利地位。第二，在系统的层面。政府法制工作部门、监察机关提供的是整合和增能作用，如对政府体系内所有执法资源分布情况进行调查，对执法开展情况进行观察评估，围绕着执法体制的结构策略、调整幅度、力量配置、人员准入等提出建设性意见，将

---

① 芮国强：《政府发展的价值意蕴与制度逻辑》，经济管理出版社2007年版，第207页。

执法责任制和公务员行为规范的要求细化到具体的执法作业中，排解执法机构所遇到的内部权限争执和外部质疑，为执法活动创造友善的环境，等等。

地方政府的行政执法权经历了多次中央和地方机构改革及执法管理体制改革的折冲，目前呈现出相对稳定的态势，其基本走向应当是下沉化、限缩化以及一定程度的去行政化（近市场化）。值得进一步关注的有两大问题，一是中央、地方政府、市场这种三角化的权力谱系逐步成型，即中央面临将一些行政执法权力交给地方政府抑或是将权力进行“阉割”，转换为某种市场规则，正如李克强总理在新一届政府工作部署会议上强调：“中央的政策要尽可能符合地方情况，但转变职能主要是放权给市场、给社会，不是给地方政府。”另一个问题是在网络化社会条件下，以舆论公器为武器的“第四种”权力对地方政府的行政执法权造成了巨大的噪声干扰效应，地方政府稍有不慎不便会“摊上大事”，成为众矢之的，这也将极大地影响地方行政执法的生态。

第六章 政府法制工作机构的作用考察

在地方政府法制的大棋盘中，政府法制工作部门是一颗活棋子，它游走于地方政府法制的很多层面和环节，在政策议题的设定、法制规则的创制、执法过程的组织、法制实施的保障上都有着行为介入和视角关切，在依法行政、建设法治政府的系统工程中，政府法制工作部门的任务、责任和能量都是重大的。设立政府法制工作机构的目的就是为了加强政府法制工作，机构的性质和作用决定了机构的任务和职责，而机构的任务和职责又反过来体现着机构的性质和作用。近年来，地方政府法制工作部门的机构和职能得到了很大的充实，各地法制工作机构的工作也体现出较强的地方性特色，虽然由于级别和行政权限不同，各级政府法制工作机构的具体任务和职责存在着一定区别，发挥作用的程度也有一定差异，但研究它们的性质定位、职能权限，观察它们的设立初衷与实际运行效果的关系，对于更全方位的了解地方政府的法制发展变迁有着深刻的意义。

第一节 政府法制工作部门概述

一、政府法制工作部门发展溯源

我国的政府法制工作在建国初期就已经开始，1949 年中央人民政府曾设立法制委员会，1954 年成立了国务院法制局，1955 年 4 月根据周恩来总理的建议，国务院发出通知要求在各级政府设立法律室，指出法律室是协助政府负责人正确贯彻国家法律和进行有关法律工作的专门机构，并明确规定了法律室的职责。在“文化大革命”时期社会主义法制被严重践踏，政府法制工作机构被完全撤销。改革开放以来，政府法制工作机构也随着我国社会主义民主与法制建设的不断发展逐步得到恢复与加强。国务院先后成立了国务院办公厅法制局和国务院经济法规研究中心。1986年两个机构合并重新成立国务院法制局，作为国务院直属机构；1998年3月，根据《国务院关于机构设置的通知》，设置国务院法制办公室，作为国务院办事机构。在地方政府层面，20世纪80年代以来，省级政府纷纷根据国务院体制成立了经济法规研究中心以及政府办公厅法制处，并陆续合并重组为政府法制局或政府法制办公室。国务院1990年发布的《行政复议条例》第二十四条明确规定："县级以上的地方各级人民政府的复议机构，应当设在政府法制工作机构内或与政府法制工作机构合署办公。"这催生了各省（自治区、直辖市）、市、县组建法制工作机构的热潮，纷纷设立了法制局、法制办或法制科。

二、地方政府法制工作部门的性质定位

改革开放以来，我国的经济社会发展面貌发生了巨大的变化，在经济建设、文化建设、社会建设领域都取得了瞩目的成就。在这一过程当中我们观察到，经济发展和社会发展之间保持着一种良性的联动关系，经济发展的成果促进了社会发展进步，经济发展的需求推动了社会面貌的改变，而社会改革所扩展的空间适时地被经济发展所吸收，尽管在两者之间还有一些衔接不顺、磨合不良的现象，但从大趋势上看则显示出较强的匹配性。从长远上看，这对于中国的政治国家体系、市场经济体系、公民社会体系的良性发育是非常重要的。造就这一局面的原因，在很大程度上应归功于有效的政府。过去三十多年来，无论是中央政权还是地方政府，在经济社会转轨和前进中都扮演着龙头作用，源源不断供给着催动力、权威性和整合力，举凡事关国计民生的大政方针、政策范式、规则指引、执行措施，绝大多数都出自于政府之手，在这一特定的转型时期发挥了强大的政策补强作用。同时，这一时期政策供给的一

个显著表现就是政策的法制化程度越来越高。在此，我们不妨做出一个回溯性的逻辑演绎，把政府的活动作为自变量，把改革开放以来中国的法制进步作为因变量。通过不同的历史截面，我们可以观察政府理念和行为的每一步改变是如何显著地影响了我国的法制状况的，如20世纪80年代初的对外开放政策与三部外资企业的法律，90年代的国企改革、金融体制剧变与公司法、人民银行法、商业银行法的出台。一方面，这种法制化政策与依法治国的方略的硬约束有关，另一方面也显示出各级政府的制度化、法制化决策意识逐渐占据主流地位，以及政府将政策法制化的能力提升，为各级政府的政策输出"把守"法律属性出口的当属各级政府内设的法制工作部门。

过去，政府法制工作部门是一个相对神秘和独特的部门，但随着党和国家提出推进行政体制改革，强化依法行政能力的理念以来，这一部门越来越多地和社会各界打交道，公众也有更多的渠道了解它的作用。而地方政府的法制工作部门由于立法性任务少，长期默默无闻。但近年来我们可以发现，无论是由地方政府提出草案，提请各级权力机关审议通过上升为地方法规，还是地方政府自身施政所依据的行政规章、政策措施的情形都越来越多，而且当中的法制含量越来越高。同时，地方政府在一些行政行为的实施、评断、救济上越来越突出法制工作部门的作用，将其推向第一线。我们不妨做出这样一个推论：从地方各级政府的法制工作部门身上可以衡量出各级政府的法治水平，从它们的工作产品中，可以评判各级政府在运用法律手段实施治理达到一个什么样的层面境界。

第二节　政府法制工作部门的职能权限

目前，学术界对政府法制工作部门职能的研究比较缺乏，而各级政府及其法制工作部门对其职能的解释则主要依据政府组织法条文和政府"三定"方案。有些地方政府法制工作部门的干部总结了地方政府法制工作部门的十二项职能，分别是：(1)拟订年度立法工作(限于部分地区)和规范性文件制定工作计划并会同有关部门组织实施，审查、修改本级政府各部门、直属机构报送本级人民政府的自治条例草案、单行条例草案和规范性文件草案；组织起草重要的自治条例草案、单行条例草案和规范性文件草案，承办规范性文件的解释工作；组织清理自治条例草案、单行条例草案和具有普遍约束力的决定、命令等规范性文件，进行编纂和汇编。(2)办理规范性文件上报备案工作，负责本级人民政府各部门、直属机构，下一级人民政府规范性文件的备案审查工作，负责重大行政处罚、行政许可的备案工作。(3)根据需要拟定实施地方性法规、政府规章的配套文件，处理地方性法规、政府规章实施中的有关问题；协调本级政府各部门、直属机构之间在实施地方性法规、政府规章过程中的矛盾和冲突，协调、解决行政执法争议。(4)参与本级人民政府重大项目决策论证，为本级人民政府重大经济和社会管理活动提供法律咨询、法律审核和法律服务；承办本级人民政府作为民事主体涉及的有关法律事务。(5)组织、指导、协调本级行政执法监督工作，会同有关部门组织实施行政执法责任制和过错责任追究制，组织、协调开展行政执法检查，对行政执法主体和行政执法人员的执法资格进行认证、公告和管理；负责对行政执法人员持证执法情况进行监督，负责相对集中行政处罚、行政许可和开展综合执法试点工作的调研和方案起草工作，并指导、组织、协调、监督、检查方案的实施。(6)办理本级人民政府行政复议、行政应诉和国家赔偿案件，指导、监督本地区的行政复议、行政应诉和行政赔偿工作。(7)承办行政确权案件，即负责土地、矿藏、水流、森林、山岭、草原、荒地、滩涂等自然资源的所有权和使用权争议案件以及房产等其他依法由政府确权案件的办理。(8)研究行政处罚、行政复议、行政应诉、行政赔偿、行政许可、行政收费、行政执行以及行政执法中带有普遍性的问题，向本级政府提出解决问题的意见和建议。(9)组织对本地区政府法制工作人员、行政复议工作人员、实施行政许可人员、行政执法和行政执法监督人员进行培训。

(10)指导本地区政府法制工作业务和法制机构队伍建设,开展政府法制理论研究和交流。(11)承办本级人民政府和上级政府法制机构交办的其他工作。(12)履行法律、法规、规章和上级文件规定的其他职责。① 上述列举是比较全面的,但陷于烦琐。有的研究者则提出法制办公室在依法行政中承担着综合协调,督促指导及参谋、助手和法律顾问的职能,这又显得过分抽象。国务院印发的《全面推进依法行政实施纲要》所确立的八个方面35项工作中,各级政府法制工作机构的工作任务就涉及七个方面22项,其中独立组织实施的8项,参与和配合其他部门的14项。我们认为,首先需要将政府法制工作部门的职能框架加以清晰化,然后再分析各项具体的职能。政府法制工作部门的职能可以大致划分为外部职能与内部职能,外部职能主要指政府法制工作部门在处理府际关系、府民关系时所发挥的职能,而内部职能主要指政府法制工作部门在处理地方政府组成部门、内设机构间的行政管理事务时发挥的职能。根据这一标准,地方政府法制工作部门的外部职能包括立法参与、处理行政案件两项,而地方政府法制工作部门的对内职能包括法制保障、法制参谋两项。

一、立法参与职能

地方政府法制工作部门的对外职能中,比较重要的是立法参与职能。需要强调的是,根据宪法、立法法以及全国人大常委会关于授权立法的有关规定,我国的省、自治区、直辖市、省会城市、经济特区、经国务院批准的较大的市以及民族区域自治地方的政府法制工作部门在这一职能当中的制度空间较大,而层级更低的地方政府在这一职能上发挥的空间受到严格控制。

(一)制定本级政府的立法工作计划

立法参与职能的首要任务是科学制定本级政府的立法工作计

① 《关于县级政府法制工作机构的职能定位研究》,贵州省人民政府法制信息网,http://www.gzfzb.gov.cn/html/lunwen/1435/。

划。现代政府运作大量地引入了管理学的基本原理，非常重视战略规划和计划的制定、检视、评估工作。随着国家法治建设的推动和对立法产品品质要求的提高，立法工作计划越来越受到重视。立法工作计划的积极意义在于它能够促使和保障那些事关改革、发展、稳定、创新战略的法律、法规及时出台，有助于缓解在解决了一些重大、突出社会问题时缺乏必要法律手段的局面，为经济持续快速协调健康发展、社会全面进步以及社会主义和谐社会构建的方方面面，为法治政府的尽快成熟提供有力的保障。国务院发布的《行政法规制定程序条例》《规章制定程序条例》中均提到了行政立法工作计划。其中《规章制定程序条例》第十一条规定：省、自治区、直辖市和较大的市的人民政府法制机构，应当对制定规章的立项申请进行汇总研究，拟订本部门、本级人民政府年度规章制定工作计划，报本部门、本级人民政府批准后执行。年度规章制定工作计划应当明确规章的名称、起草单位、完成时间等。但在各地方政府当中，和经济社会发展等方面的宏观性计划相比，政府的立法工作计划受重视程度有限，一方面由于政府不是立法最终意义上的主导者，另一方面由于以往有些地方政府在立法上采取追随上级的被动性立法措施和按需而动、不循章法的功利性立法思路。基于此，《全面推进依法行政实施纲要》做出了明确要求，要求各级政府按照条件成熟、突出重点、统筹兼顾的原则，科学合理制定政府立法工作计划，已经制定的立法工作计划并不是一成不变的①。由此可以看出，地方政府法制工作部门的立法工作计划是比较充实和活跃的。

（二）办理地方性法规、地方政府规章备案和审查、汇编工作

立法参与方面的职能也包括对政府各部门授命起草的法律规

---

①　广州市人民政府办公厅：《关于调整广州市2008年度政府规章制定计划的通知》（穗府办〔2008〕12号），来源：广州市政府门户网站。

范草案审查，办理地方性法规、规章，民族自治地方的自治法规规章备案与审查。政府各工作部门对所分管的领域的基本情况比较熟悉，能够发现问题，在长期的行政管理实践中形成了比较清晰的思路和有效的应对措施，这些在它们授命起草法律规范的草案时都能发挥重要的作用。但由政府部门来起草法律规范的草案也有其局限之处，如容易站在本部门立场而非全局立场来考虑问题，会过多地关注行政管理的便利和效率，对行政相对人诉求重视程度不够，容易将行政决策和执行的思维带到法律规范条款乃至以行政惯例、特殊做法来试探严格的法律程序，产生权力部门化、部门利益化、利益法制化倾向。除了由立法机关对草案进行审议修改外，还需要在行政体系内部通过一个相对独立的、中立的机制来缓冲和淡化这些倾向。政府法制工作部门作为各级人民政府的办事机构，和具体制定“游戏规则”的各个政府部门之间没有利益相关性，在考虑问题时有较为独立的立场，而且在长期的立法服务过程中塑造了自身的部门风格和政策逻辑，在政府体制内最适合承担这一“把关”职能。法制工作部门在审查法律规范草案时所抱的独立和无利益立场是至关重要的，而要加强这种立场，唯有在审查过程中广开言路，畅通各方面群体表达利益和发表意见的渠道，降低各方参与关注法制的准入“门槛”，诚心诚意地引入专家学者参与和协助进行规章审查，把公开征求意见、听证等活动办好办实在。浙江省政府法制办专门制定了《关于地方性法规议案规章草案征求意见工作的规定》和《政府立法听证工作规则（试行）》两个规范性文件，对征求意见的范围和次数、意见的处理、听证组织程序、参加人、听证程序、听证意见采纳等做出了规定。

2001 年国务院重新颁布了《法规规章备案条例》，其中明确规定省、自治区、直辖市人民政府规章由省、自治区、直辖市人民政府报国务院备案；较大的市的人民政府规章由较大的市的人民政府报国务院备案，同时报省、自治区人民政府备案；经济特区法规由经济特区所在地的省、市的人民代表大会常务委员会报国务院备案。省、自治区、直辖市人民政府和较大的市的人民政府法制工作部门，具体负责本部门、本地方的规章备案工作。条例所提及的地方政府法制机构中，省级政府法制工作部门同时承担着规章的报备和审查职责，而市一级的政府法制工作部门主要承担规章报备的职责。根据《法规规章备案条例》的精神，报备虽然不是规章生效的必要条件，但却是一项必须执行的法律程序，在报备的同时还兼备审查功能。法制工作机构可以根据规章的情况做出不予备案登记或暂缓备案登记的决定，要求下级机关补充材料或者重新报备。对于不报送规章备案或者不按时报送规章备案的，应要求限期报送；逾期仍不报送的，可以给予通报，并责令限期改正；对于通过备案的规章，地方政府法制工作部门应在当地政府《政报》上予以出版公布。

（三）开展法制调研

政府法制工作部门进行的法制调研工作和各级地方人民代表大会开展的立法调研工作既有相同点，又有自身的独特之处。这种法制调研主要考察政府及各部门在公共政策执行过程中发生的政策需求与供给问题而展开，其目的旨在发现和确认政府行政过程中的政策——法律窗口，把握正确的制度设计导向，而且这种调研站在跨行政部门的立场上，有助于克服部门化倾向。当然，法制调研也以深入基层、实地调研、广泛听取各方面意见为基本宗旨，通过调研来获取各方面真实的利益诉求。在政府法制工作部门走出去调研的同时，充分发挥府外专家学者作用，举行各类座谈会、研讨会、论证会也是一种法制调研的形式。

（四）开展法制评估

法制评估包括对地方性法律规范的立法工作计划的评估、制定过程评估、制定的成本—效益评估、法律规范试行效果评估、法律规范生效后跟踪评估等方面，基本目的是检验包括政府法制工作部门在内的政府各个部门在处理地方性法律规范制定事务上的效果效能。评估可以促使政府的立法工作项目形成绩效约束，引导政府各部门将资源配备到条件成熟、前景预期性好、人民群众好评度高的法制项目当中去，形成项目的良性竞争、合理流动，改变过去那种立项积极、过程拖沓、结果模糊的局面，保障地方性法律规范的进度和质量。广州市多年来一直在开展对年度立法工作计划的中期评估检查。从2008年起，在国务院法制办公室的组织下，各地开始研究探索成本—效益分析和评估制度。通过开办立法成本—效益分析培训班，邀请欧盟专家介绍了欧盟成员国有关制度以及到国外考察立法成本—效益分析制度。山西、海南、吉林等地方尝试开展了立法成本效益分析工作，上海、黑龙江、安徽等地方开展了法规、规章实施情况的后评估工作，并逐步探索建立公众对法规、规章实施情况的意见和建议的跟踪反馈机制，利用评估获得的信息来分析、总结制度设计本身存在的问题。评估除了由政府各机构负责人、政府法制工作部门参与外，还可以发动报纸、网络等媒体，积极引导公众有序参与，拓宽意见来源渠道，使政府法制工作部门的各项工作更能够集中民智、尊重民意。

二、处理行政案件职能

行政案件是一个笼统的提法，主要是指在行政机关职权范围内，发生在行政机关与行政相对人之间、相对人与相对人之间，一般需要由专门的行政程序以及行政救济程序来认定和处置的行政争端事件，包括行政复议行政赔偿案件、土地、矿藏、水流、森林、山岭、草原、荒地、滩涂等自然资源的所有权和使用权争议确权案件，同时还包括上述争端处理过程中行政机关有可能被卷入的行政应诉活动。需要指出的是，地方政府法制工作部门并不是包揽了所有的地方行政案件的处理，有一部分行政案件由政府各职能部门自行处理，有些在垂直管理权限的行政机关职权范围内发生的行政案件按照其行政体系内部权限处理，而地方政府法制工作部门主要是代表本级人民政府来受理和参与行政案件的解决。

上述行政案件的处理和日常行政行为有很大的差异，从某种程度上看具有准司法的性质，如行政复议与行政确权。由于本课题研究中有专门的章节讨论地方政府的司法问题，在此就不围绕司法方面，而是围绕地方政府法制工作部门从事此项工作的意义及其职能角色做一些简要的分析。

首先，我们需要积极地看待地方政府法制工作部门在行政案件处理事务上的意义。任何一级政府的施政活动都强调遵循法治的精神和规则，但施政过程中的人为色彩、人治层面是不可能根除的，我们所处的环境可以理解为理念层面、政策基底层面的法治与个案层面的、个体层面的法治加人治并行的状态。虽然现在尚没有充分的证据来测量和比较中央政府和地方政府之间、地方政府与地方政府之间的法治进步水平，但从任何一种社会事物均可能符合某些概率分布规律的眼光来看，地方政府之间的法制化应该是参差不齐的。从另一个角度来说更容易理解，那就是地方法制相对于国家法治，是总体与个体的关系，每一个个体都会呈现出不同的层次、样态。吉尔兹曾指出，法律是一种地方性知识，地方在此处不仅是指空间、时间、阶级和各种问题，而且也指特色(accent)，即把对所发生的事件的本地认识与对可能发生的事件的本地想象联系在一起。① 无论是先天性意义上的地方特色还是后天执行过程中的地方性差异，法治的一静一动都和地方因素捆绑在一起，不管是力行法治还是阻滞法治，“地方”这个词语都有着基石性的意义。当然，我们这里主要是讨论作为法制运行过程中的冲突行为——行政案件，虽然这是非常态现象，但为我们提供了很好的观察渠道。我们不但能从某一个、某几个个体来描述、分析某个地区的法制处置能力，还可以通过科学抽取出足够多的个体样本进行推断、归纳，看能否呈现出某种趋势，这一趋势的分布是否接近理论上的预判，从而使我们能更为准确把握以至预测地方法制的所谓普遍水平。

其次，处理行政案件的职能为地方政府法制工作机构赢得了获取更多行政资源的空间。20 世纪 80 年代末、90 年代初《行政诉

---

① 徐清飞：《法治与民生：地方法制的一种分析框架》，《学习与探索》2010 年第 1 期，第 92 页。

讼法》的颁布和实施，使得不少的省市政府不得不重视和开展法制工作部门的组建和加强工作。把行政诉讼案件的处理交付给法制工作部门的原始出发点应当是行政诉讼和行政复议推行初期政府的各个组成部门对于此种纠纷处理方式的信息和人才的匮乏，以及地方政府中的其他组成部门在观念和意愿上存在着一定问题，不愿意“抛头露面”出现在过去一贯被认为是专政机关的法庭之上。同时抱有理性态度的地方政府及其组成部门对于行政诉讼案件的评价和态度尽管不一，但在担心影响政府部门权威性这一点上是有相当高的共识的，因而对待行政诉讼是不敢轻慢的。希望从政府体系中比较专业的地方政府法制工作部门获得人员和法律技术的支持。同时在以地方人民政府为被告的案件中，地方政府法制工作部门的设置比较好地建构了一个“委托—代理”的府内关系模式，既体现了权利及义务承担方面的正当性，又可以起到对冲突的某种缓冲作用。在行政复议领域其实也存在着类似原理，与行政诉讼不同的是，在行政复议中政府还需要营造“不官官相卫”“不护短”的公正氛围；政府法制工作机构在隶属关系上比较独立，也没有突出的部门性利益，比较适宜充当这一角色。而行政案件的处理也同时为地方政府法制工作提供了组织和人员上的持续性保障。

再次，在此也有必要探讨一下地方政府法制部门处理行政案件的目标问题，多年来，行政案件处理过程中最容易被诟病的是“袒护政府一方，断案不公”以及“地方保护主义”这两个方面，民意在很大程度被引导到这两个方面，甚至超过了案情本身。地方政府法制工作部门代表政府处理行政案件，法制工作部门的人员除了要运用本身过硬的法律素养和对行政工作的熟悉能力透彻的辨明案情，依法裁决和防卫，也必须在案件处理过程中塑造和维护政府的公信力。政府的公信力如何塑造，比较可行的办法即“透明”，当然这一透明是事后透明或者是补救式透明两说。透明即政府法制工作机构通过公开的行政案件处理过程，展示和解释政府的处理立场和行动逻辑，将使政府部门的各项内部工作程序与各项议事规则加以公开化、透明化，让当事人和老百姓看得到、看得懂政府所握有的权力的运行状态。如若政府法制工作部门所展示的政府权力运作基本上是处于合理性运行状态的，那就达到了办理行政案件所预期的效果，进而能够促进国家权力运行的公开性和透明度，便利人民群众知道从何监督，如何监督国家权力运行。这是比案件本身的输赢更有长远意义的举措。

然后，从另一个角度看，地方政府法制工作机构处理行政案件，同时带有公共危机管理工作的性质。所谓公共危机，是对一个社会系统的基本价值和行为准则产生严重威胁，并且在时间压力和不确定性极高的情况下，必须对其做出关键决策的事件。而政府对公共危机的管理即政府在公共危机事件产生、发展过程中，为减少、消除危机的危害，根据危机管理计划和程序而对危机直接采取的对策及管理活动。根据全球范围内公共危机的发生类型我们可以看到，有些公共危机的源头不在政府，但需要由政府出面解决，而有的公共危机则是在政府对外交往和对内管理的过程中所发生并且被困于危险和困难境地的问题。作为行政案件，实际上同时包括了两种公共危机样态，前者如土地等自然资源确权案件，后者如行政诉讼和复议案件，这些都显示政府在公共危机处理中处于中心地位。近年来，由于社会发展所伴随的利益冲突和价值冲突，经济体制转轨带来社会运行体系失范、转型期制度漏洞和管理真空，社会矛盾和社会风险累次积聚。在政府管理领域，涉及征地拆迁、改制下岗、执法不公、安全生产事故、环境污染、医疗弊病等方面的事件大增，有些则进入了行政案件的处理领域。从公共危机的角度观察这些行政案件，它们具有公共性、紧急性、高度不确定等特点，如果处置不当，极易酿成群体性事件甚至更为混乱的局面。中央多次提出，要居安思危，增强忧患意识，完善应急管理体制机制，有效应对各种风险，其中也应当包括有政府法制工作部门参加的行政争端危机管理。薛澜教授提出，完备的危机应对体制应当包括完备的危机应对计划、敏感的危机管理意识、坚实的法律行为框架、高效的核心协调机构、全面的危机应对网络、顽强的社会应对能力、先进的技术支撑体系等。根据这些要求，地方政府法制工作部门在处理行政案件之初要抱有危机预警之意念准备，认真地分析案情发展过程中可能出现的周折和异常状态，在处理行政案件过程中要及时察觉危机苗头，做出有利于危机逆转的反应。当行政案件的正常处理不能够防止危机的进一步发展甚至爆发时，政府法制工作部门要能够迅速启动危机处理的协调、会商、上报机制，帮助有权机关及时做出决策和采取应对措施，将公共危机尽可能地引入可控的状态之下。近年来，大部分的突发事件都发生在基层，但基层政府在危机应对方面不但缺乏能力和资源，更缺乏意识和准备，容易将局部性、小规模的公共危机扩大变成全局性事件。我国的危机管理体系的建设的弱点在基层，中央也已经意识到这个问题，要求按照重心下移的原则，从根本上加强地方政府应对突发事件的能力，这对地方政府法制工作部门处理行政案件也提出了新挑战。

最后，回到法制的话题，地方政府法制工作部门处理行政案件是一种高度职业化的工作，与近年来推出的政府法律雇员、公设律师的角色有共同之处，需要有相应的操作化标准来评价其专业基础知识、业务能力、应变能力，不能因为政府法制机构是行政案件后期介入的角色，而出现与行政案件的处理结果是好是坏，是输是赢关系不大甚至毫无关系的局面。近年来，各个地方的政府法制工作部门围绕着加强行政案件处理质量开展了不少工作，早期的工作主要是硬性的约束以及培训，如要求地方政府法制工作部门的人员必须按照行政诉讼法的规定在收到起诉状副本之日起十日内向人民法院提交做出具体行政行为的证据、依据，并提出答辩状，不能发生消极应诉行为；在开庭中必须认真参与证据展示、辩论，不能摆官架子。又如定期举办各种培训班，对政府各部门中与法制办发生工作联系的法制工作人员以及管理干部、执法人员进行培训，提高法制干部和行政执法人员的素质。对政府机关各个部门的普通公务人员开展法制宣传，使他们了解和掌握法律、法规和规章的基本精神，熟悉新颁布实施的法律和上级的配套性规范性文件的内容。随着行政法制宣传的深入人心和地方政府法制工作部门能力的加强，其工作中心亦发生转移，能够抽出一定的时间、精力来指导、监督本地区的行政复议、行政应诉和行政赔偿工作。如北京市政府法制办近年来坚持开展行政复议案卷评查工作，对市（区、县）政府和具有行政复议工作任务的市级行政机关的行政案卷进行评查，评查内容分为程序规范、文书规范、立卷归档规范三部分。程序规范是检查行政复议案件审理时是否遵循基本的程序要求；文书规范是检查案件审理过程中应当具备的文书种类、文书的基本要素是否齐全；立卷归档规范是检查案件文书归档时是否符合要求。不少的省份也通过召开行政复议、行政诉讼研讨会，组织法制办和其他政府部门负责行政法律事务的人员旁听行政诉讼审理等方式来加强政府法制工作部门人员的行政案件应对能力。更值得一提的是温州市法制办组织人员通过对温州市两级法院进行走访、调研，将 2008 年温州市各级政府部门在行政诉讼中败诉的情况及主要原因进行梳理分析，对政府部门的执法瑕疵、应诉态度、证据展示、庭审表现等方面提出了整改建议，撰写成报告供市领导参考。

三、法制保障职能

我们认为，随着立法法、行政许可法以及《全面推进依法行政实施纲要》等政府活动纲领的推行，依法行政的实践被显著推进了一大步，而在这一过程中地方政府法制工作部门发挥了较为重要的法制保障职能，这应该是地方政府法制工作机构最重要的职能，而学术界对这一问题的研究不够聚焦，在此想做一些初始性的分析。

法制保障职能对于地方法制、地方政府以及民众的重要性是无与伦比的。首先，世界范围内丰富多彩的法治形态不仅仅是国别法制所造就的，也有地方法制的力量所贡献。在这里，我们使用国家法治和地方法制的分层式概念提法，而且不准备对地方法制强行赋予一个准确的操作性定义，而更倾向于图景式的描绘，因为地方法制不是同一形塑的。以我国情况而言，虽然我国是典型的单一制基础上的地方法制，但在各个普通省直辖市之间、普通省直辖市与民族区域自治地区之间的地方法制的内涵都有很大的不相同。并且，由于经济和社会发展的差异性和不同步性的宏观背景，原本较为接近的地方法制样本之间也会出现不同的发展势头和方向。虽然我们不可能像美国那样出现有的州保留死刑，有的州废除死刑的局面，但有学者已经敏锐地提出了我国地方法制发展中先发地区先行法制化，实现某种区域法制化的猜想。① 我们能够体会到，地方法制首先是在地法制，地方法制当中除了有规则和制度层面，还必然会有民间法和非法律控制手段大量存在的空间，混杂了很会多的非法律因素、多元化色彩。因而地方法制不仅面对着权力的配置、权力的运行等本体性问题，还面对着权利义务话题之外的诸多混杂性因素。在后发的民主化国家，围绕着法治孕育发展是自上而下还是自下而上，已经有许多理论上的探讨，当然还需要更多实证的证据来支持，而不能仅仅停留在逻辑推理之中。但毋庸置疑的是，无论是哪一种发展路径，要发挥地方法制当中的法律主导功能，不退化其他混乱局面，法制保障的功能是不可或缺的。地方法制同时是实用的法制，它是直接面对公民、营利组织、非营利组织的，不管我们是支持政府有效、市场主导还是支持政府失灵、市场失效，这些看不见的作用机制都在地方法制化过程中有着客观存在的角色和进路。在地方法治中公民权利和政府权力、市场自主与政府干预之间的交集非常多，所以地方法制如果偏离航向、脱轨，带来的是现实的法制灾难。因此，强化地方法制的保障是关切到基本民权和法律秩序的必然之举，而这种保障既有来自上级政权机制的控制型保障，也有来自地方行政机制内部的自我纠正机制。地方法制还是活跃的法制，有着创新的冲动和实际的作为，但在地方法制演进过程中会围绕着地方与中央、地方和地

---

① 孙笑侠、钟瑞庆：《“先发”地区的先行法治化——以浙江省法治发展实践为例》，《学习与探索》2010 年第 1 期，第 80 页。

方之间、地方内部形成层层嵌套、互相影响的利益格局，也不免会存在合作难题："公共池塘"问题以及"搭便车"现象。因此在地方法制进化甚至转向过程中，同样亦需要有强力的、明智的保障措施来帮助其确定正确方向，获得可为制度约束、框架可以被容纳的地位。这既是一种法制保障，同时也是为地方法制增能。

其次，我们再回到当前行政活动中不容忽视和亟待解决的问题。随着我国经济、政治体制改革的逐步深入，行政机关的施政、依法行政水平也随之提高。然而在现实行政过程中，还有一些不良的表象：比如少数领导干部当中存在着不同程度的依法行政意识不强，习惯于沿用过去的行政命令、行政手段等老的一套实施行政管理的现象。而部分直接从事行政管理、行政执法人员的人员没有对法律做过系统学习与研究，对依法治国、依法行政缺乏深刻认识，而是简单工具化地理解为"依法治民"，屡屡出现不依法办事，不遵循正当程序、随意裁决、野蛮执法、当作为却不作为等现象。现行的行政许可、处罚法律规范中对有些社会涉及面较广的事项设置了多个行政机关、执法主体分工负责、共同实施管理，但部门之间职责交叉、重叠、分工不明确，以及涉及部门利益和对法律法规理解上的偏差，带来了部门协调配合上的不一致，政出多门，依据不一、解释不同、相互矛盾、沟通不畅、本位驱动甚至打架扯皮。20 世纪 90 年代以来，上至国务院，下至各级政府部门相继颁布了多项行政规范文件，制定了行政执法、行政法纪的监督制度以及行政执法责任制，评议考核、错案追究制度，但这些制度的制定和实施处于失衡状态。一边是新制度不断推出，另一边是有些地方、有些政府机关把制度规定视作形式和应付上级检查的产物，抑或是有令不行、有禁不止，抑或是在制度执行中，大谈特谈工作特殊性以及自身理由，使制度施行流于形式和大打折扣。古人早已提出"徒法不足以自行"，当前我们在行政领域的法律规范和制度创构不断的开展，而对已有制度执行的约束硬化工作却非常单薄，迫切需要加强法制保障工作，而各级政府法制工作部门应该成为推动法制保障工作的重要抓手。鉴于学术界没有专门就地方政府法制工作部门的法制保障职能加以界定，笔者尝试从以下几个方面加以总结：

第一，制定与国家和地方层级的法律规范相适应的规范性配套文件、办理规范性文件前置审查与备案。

前文在介绍地方政府法制工作部门的立法服务职能时，曾提及地方政府法制办公工作部门要负责对政府各部门授命起草的法律规范草案审查、办理，地方性法规、规章，民族自治地方的自治法规规章备案与审查。这当中的审查对象是在属性上属于法律规范群体，具备完整法律效力的法规、规章。应该说这一审查、备案制度是立法的必备程序和法规、规章质量的重要保障。在此基础上，《法规规章备案条例》进一步做出了规定，要求各省、自治区、直辖市人民政府应当依法加强对下级行政机关发布的规章和其他具有普遍约束力的行政决定、命令的监督，依照本条例的有关规定，建立相关的备案审查制度，维护社会主义法制的统一，保证法律、法规的正确实施。有些地方也根据这一法规精神，将政府及工作部门制定的具有普遍约束力、长期使用、反复使用的决定、命令、办法、规定等类型的规范性文件都纳入了审查范围。如厦门市翔安区制定了《行政机关规范性文件前置审查工作规则》，规定区级政府、镇级政府规范性文件草案、区政府各部门规范性文件草案形成后应当填写《规范性文件草案前置审查报送函》，并附规范性文件草案的起草说明，向区政府法制办报送。起草说明中需要包括制定规范性文件的必要性和可行性，规范性文件所引用的法律、法规、规章以及上级行政机关规范性文件的名称、条款；制定过程中征求各方面意见和召开听证会的记录以及对草案中重点条文的说明等；区政府法制办收到后要安排初审、复核，对内容复杂或者难以把握的草案安排需要集体研究的，必要时进一步邀请区政府法律顾问团专职法律顾问或特邀法律顾问参与审查。对审查通过的规范性文件，告知送审单位正式发文，对存在内容违法、明显不当或不宜发文的草案，可以要求送审单位进行修改后再重新报送审查或者取消发文。正式发文的规范性文件还必须提交给区政府法制办，根据《政府信息公开条例》规定在政府公报及政府网站上发布刊载。又如广东省怀集县法制局针对县林业局提交的《关于加强木材经营加工流通管理工作的通知（代拟稿）》进行合法性审查，法制局认为该文稿与有关法律法规相抵触，建议不予发布，县政府采纳了法制局的意见。2000 年以来，该县法制局参与草拟、审查的县政府规范性文件和其他行政措施 168 件，对其中 4 件与国家法律、政策相抵触或者超越职权的规范性文件提出了纠正意见。[①]

地方政府法制工作部门获得对政府规范性文件的事前审查权，在行政系统内部必定会出现不同的看法和声音。应当说，参与制定公共政策是行政体系中权力行使的重要标志之一，但我们认为这并不意味着法制部门的职权扩张和地位上升，而是为了更好地推动公共政策法制化和降低政策风险。公共政策是包括政府在内的公共权力机关为处理国家和社会公共事务实现公共管理职能而制定和实施的公共行为规范、活动准则和活动策略。它本身不具有强制性的力量，只有在国家权力的支持和保障下，它才具有强制的力量。公共政策的制定是公共权力运用的具体体现，需要根据法律的规定和授权实施。随着政策科学发展，围绕着公共政策的制定产生了很多方法和规程，在政策酝酿阶段强调问题源流、政治源流和政策源流的融合交汇以及在此基础上的政策规划，在政策形成阶段强调政策谘商和政策范式，在政策输出阶段强调政策的法制化和规范化。公共政策的法制化既包括制定程序的法制化，也包括政策本身以及政策执行的合法化。相比而言，在公共政策制定程序方面实现法制化相对容易。一方面，它要求公共政策制定主体要依据法律的规定来获得公共政策权力，依据自身权限制定政策法规，通过法定的创制步骤使公共政策取得合法地位。另一方面，它要求政策制定主体在上述过程中努力将影响政策公共性的一些因素剔除。不可否认，公共政策的形成是一个权力之

---

① 广东省人民政府法制研究所主编：《政府法制研究》2007 年第 16 期。

间相互影响的产物。美国学者厄尔·莱瑟姆甚至认为:公共政策实际上是利益集团之间权力相互斗争所达成的一种势力均衡,公共政策的产生过程实际上是公共权力主体之间进行权力角逐的过程。[①] 基于这一假设,用公正、公平这一类价值性判断来衡量政策会引发巨大的争议,但是用公共性标准则比较中立。具体而言,政府法制工作部门在审查一个作为公共政策载体的政府部门规范性文件草案时,所秉行的立场是确保政策有着有效的法律依据,政策是依据正常程序形成,政策决策方法符合正常行政程序,将政策制定中无法律依据现象、超越部门权限现象、违反制定程序现象、个人独断现象出现的概率降至最低。回到现实当中,当前以规范性文件为主要产出方式的政策在行政管理的数量和作用都是不可忽略,一方面它发挥着弥补法律法规过于原则、抽象的作用,另一方面也发挥着行政试验和创新的功能。如果规范性文件出了问题,对社会的冲击和影响是极为巨大的,所激化的矛盾也远比单个具体行政行为不当要强烈得多,对政府形象和权威的损害也是极为巨大的,这就是政策风险。各级政府的政策的制定从基底上说是主观、经验的总结提升过程,是政策学习的过程,不可能没有政策失误的风险。采用科学、合理的决策程序及方法能够降低一部分政策风险,这可以通过改变政策制定人的政策水平、管理理念、工作作风,积极引进外部智力支持来实现;而另一种降低政策风险的方法就是在政策制定过程中实施跨部门的参与程序,即法制保障,通过政府法制工作部门的工作使政府部门出台的政策和现行的法律、行政体系嵌合起来,使规范性文件不至于成为断线的风筝,脱离法律的控制。

第二,规制地方政府各部门的行政执法活动。

地方政府法制工作部门介入行政执法活动源于执法责任制这一制度构想的提出及具体制度的推行。行政执法责任制萌芽于 20

---

① 张小雁:《公共政策的法治化》,《探索》2003 年第 6 期,第 45 页。

世纪 80 年代末我国一些地方政府的法制工作实践，90 年代后得到推广。在 1997 年党的十五大正式报告中得到了肯定和大规模宣传，党的十六大、十六届三中、四中全会、十七大都对推行行政执法责任制提出了明确的要求。国务院先后颁布了《关于全面推进依法行政的决定》《全面推进依法行政实施纲要》《关于推行行政执法责任制的若干意见》，将执法责任制上升为中央政府的决策。[①] 用今天的眼光看，行政执法责任制是一项地方性制度创新，经历了地方—中央—地方自下而上，而后又自上而下逐渐被推广的过程，和地方法制发展的脉络相通。地方政府创制这一制度，是为了应对计划经济体制向市场经济体制急剧转变，行政性法律急剧增加对地方政府部门及公务人员带来的观念和行为方面的极大不适应。另一个隐性的诱因是 20 世纪 90 年代以来提出的行政管理体制改革与依法行政的政府自我发展目标给地方政府带来的制度创新的正面激励。地方政府推行行政执法责任制，通过把执法末端的责任问题放大，形成对处于前端的行政执法人员行为的内部监督机制，并通过行政考评体系和责任追究机制加以强化，形成一种行政管理的新格局；同时也利于克服传统行政方式短时间无法改变，部分执法人员素质短时间无法提高的难题。中央政府认同和推行执法责任制，意图在于两个整顿，一是针对执法效率低下、市场经济发展和人民群众安居乐业缺乏强有力的公共权力保护的不正常现象进行整顿。二是针对执法过程中各种乱象进行整顿，梳理好执法主体、执法职责和执法依据，解决越位执法、超限执法，避免政府在执法过程中走向人民群众的对立面。实现这一目标最为可行的方式是将各种不同形态的执法活动中的共通要素抽象出来，形成职责权限相当、行为规范相同的趋势，以便于执行和复查。而且推行执法责任制可以形成一个个节点，利用比较有限的力量和支援织造一张“横到边、纵到底”的执法监控网。

---

① 何琳:《行政执法责任制的实施意义》,《湖北日报》2009 年 5 月 9 日，第 7 版。

地方政府部门处于行政执法工作的第一线,令他们推行行政执法责任制的初衷是在行政体系形成内部监督,造就一种权、责对应的管理秩序,但是就单个行政机关而言,不同程度地存在着内部分工不清晰、职能外延不明晰、工作程序不细致、人治色彩和领导意志影响突出、政策规划和执行随意性强、官僚系统内部固着性因素大于改革性因素等现象。执法责任制的口号提出容易,象征性启动容易,但把每个政府部门的职责分解细化难,令每个部门自己坚持责任制的动力弱,考核不走形式过场难。需要有"第三"部门加入到体制之中。《国务院办公厅关于推行行政执法责任制的若干意见》的规定,各级政府的法制工作机构要对行政执法工作进行前置把关,具体工作内容包括对行政执法主体的执法依据、职权、职责加以审查,对行政执法主体和行政执法人员的执法资格进行认证、公告等。经过政府法制工作机构审查,并通过政府核准,加以行政公开的各类行政执法主体的执法职权才是得到法律认可的。这些职权在行政管理实践活动中具体化为行政许可、行政处罚、行政强制等法定作为,构成了行政主体向行政相对人依法行使权力的蓝本,同时也意味着这些执法主体开始接受执法责任的约束。过去行政机关中大范围存在的权责划分不清、配置不当,大权小责或小权大责,甚至有权无责的现象得到了有效改进;在对行政行为中进行是否存在不正确和不作为行使权力,或者不履行和不承担义务和责任的认定中,能够发挥关键作用。从理论上看,行政执法责任制认定和纠察情况与行政纠纷案件的发生情况有着密切联系,遗憾的是迄今还很少有研究人员就两者之间的相关关系做出分析。行政执法责任制的最终目标,是要借政府法制工作部门之手,对行政机关行使职能所依据的法律、法规和规章加以梳理;将行政处罚、行政许可、行政强制、行政征收、行政确认、行政裁决等九大类具体行政行为与行政许可法、行政处罚法等规范政府行为的法律法规衔接起来,将本级政府部门的执法方式的规程与中央政府及上级政府设定目标一致起来,将政府机关部门的执法机构、执法人员设置任用管理与政府机构的改革和"三定"方案统一起来，进而提高行政管理效能，提升依法行政水平。

现在各级政府的法制工作部门除了配合开展执法责任制工作建设外，还开展了行政执法监督，协调行政执法中有争议的问题，组织、参与执法检查，办理行政执法投诉案等工作。有些地方组织实施行政执法责任制和评议考核制；有些地方将行政执法监督与协调等法制保障事项加以书面化、制度化，制定了《行政执法监督规定》《行政执法证管理办法》《行政执法过错责任追究办法》《行政执法责任制与评议考核规定》等规定；有的地方政府法制工作部门参与了相对集中行政处罚权的调研和方案设计工作；有的地方把行政执法责任制整合到政务公开、一站式办公行政服务平台当中，使执法责任制能够迅速地在行政活动中铺开，对执法权力的监督制约形成强有力的他律机制，也促进了其他施政活动的开展。

行政执法责任制是一项软制度，还是一项硬制度，关键是对责任指标能不能加以量化，有没有真实的考核。

需要指出的是，地方政府法制工作部门在执法责任制推动及评查考核过程中，发挥的是一种保障性作用而非主导型作用。执法者责任制的建构是一个内化过程，法制工作部门不能代替各个具体的政府部门开展制度建设和执法模式设计。各个政府部门都应当根据自身情况来设计本单位的行政执法评议考核办法和行政执法责任追究办法；每个部门都可以根据需要加强某一方面的执法制度，如行政执法程序制度、公开制度、岗位责任制、投诉处理制度及监督检查制度等，形成多项配套制度的局面。不论是各个行政部门的考核还是政府法制工作部门的组织考核，都需要探索执法考核档案的格式改进，探索在日常考核、年终考核中加入执法态度、效果、群众满意度的指标等问题，将考核由静态变成动态，由单一维度变为多维度。当然，对行政执法责任制进行评查，不是单纯看个案的处理结案就完事，而是要发现出现问题较多的执法部门、执法领域、执法类型，并形成定期的跟踪比较机制，发现行政执法体制里暗藏的问题。政府法制工作部门也不应以查到多少不合要求的行政执法案件为工作业绩，而是重在展示问题，并会同执法人员分析、讲解评查考核中的问题，帮助执法人员杜绝重复性的执法错误。

第三，对地方性规范性文件的复议审查。

西方现代意义上的政治发端伊始就非常强调对政府权力的制衡。作为正面的制衡，是通过由民选的代议机构对政府进行授权，比如内政、外交、和平、紧急等领域的权能，并通过政府行使权能所仰赖的预算来进行制约；而作为反面的制衡，则是通过法律、法规间效力层级的界定、司法和准司法审查的机制来实现。随着行政体系的发达、分工的日益精细以及类司法化趋势的影响，行政复议、诉愿、监察专员等制度在世界范围内兴起。审查对象也全面涵盖了政府的各类行为。根据大陆法系的法律理论，我国把政府的行政行为分为抽象和具体行政行为两大类，并相应产生了不同的审查方法。与行政许可、行政处罚等具体行政行为相比，抽象行政行为是间接、复杂、高阶的，其制定主体的权能也是特殊的，对抽象行政行为的审查和制约也滞后于一般的具体行政行为。《行政复议法》部分地解决了对抽象行政行为的效力进行审查的问题，这是我国国家法治、政府法制发展历程上有重要影响的规定，而这项重要职能是由政府法制工作部门来完成。

行政复议法从保护行政相对人合法权益的角度出发，给予相对人对规范性文件合法性进行审查的启动权。从行政相对人的角度看，提出对规范性文件的审查表面上看是一种主动行使权利的行为，但从更深层次看，这仍然是一种半被动的防卫行为。因为审查的先决条件是需要相对人必须首先申请行政复议，也就是附带审查。同时，提出审查请求的相对人还需要做出具体行政行为依据的规范性文件是不合法的判断，如果相对人主张的是规范性文件不适当，则不能申请复议审查。站在政府法制办的角度看，开展对已经生效的规范性文件的审查，是利用了政府法制工作部门的法律专业性。这种行为不能说是一种主动纠错，而是站在公权力和公民权利平衡和较为独立的立场上，对公权力的产物做出额外的过滤和检视。现行行政复议法对可被列入政府法制工作部门审查范围的规范性文件清单基本上是没有限制的，比如国务院部门的规定，县级以上地方各级人民政府及其工作部门的规定，乡、镇人民政府的规定等。换言之，只要不是规章级次的文件，在绝大多数行政管理领域（只要是能够提出行政复议的），做出具体行政行为所依据的政府“红头文件”都可能被审查。在这一过程当中伴随的是政府法制工作部门与其他政府部门之间工作关系的重塑。

我们之所以用“重塑”，是因为我们可以清晰地看到政府法制工作部门在法制保障职能上对其他政府部门的影响是非常之大的。首先，在其他行政机关从事实施规范性政策文件制定活动时，政府法制工作部门行使了一次前置审查权。其次，在政府部门根据规范性文件来配置、运行执法事务时，政府法制工作部门对其行使了认定赋权。最后，在因政府部门的行政行为及其规范性文件出现行政争议时，政府法制工作部门又能行使对政策规范性文件合法性的评价权。参照一些行政机关特别是基层行政机关通过自定“规矩”的方式违法征收财物，摊派费用，设置劳役，扩张本地区、本部门的权限，争夺收费权、处罚权、许可权，推卸职责和义务，造成政府内部的规范性文件出现打架、冲突、重复和管理失控的局面，政府法制工作部门的上述权能是很有针对性的。当然，政府法制工作部门不同于监察部门，它不对政府其他部门的组织行为活动、政风政绩做出纠察整饬，而且从政府组织法、行政体制改革三定方案中关于各级政府法制工作部门的职能界定上，也没有特别突出政府法制部门是一个监督机构。我们的看法是政府法制工作部门更像是一个协力机构，它基本上处于幕后，保障政府这个庞大的组织的政策议题与网络、行政路线与行为方式遵循宪法、政府组织法以及现有的行政性法律法规的基本方向。

另一个值得注意的事项是，地方政府法制工作部门受命对规章以外的规范性文件进行审查，采取的是地域归属、层层负责、从上而下的机制，即本级或上级政府法制工作部门负责审定本级政府以下的行政部门的规范性文件，而对于超越地域范围和行政阶次的规范性文件则必须提请有权机关审查。对于那些实行垂直领导的行政机关,如海关、国税、金融、省级以下的工商部门等行政机关制定的规范性文件,处理机关还不明确。从这一制度安排中我们也可以看出政府法制工作部门不是代行本级政府的职权,是一种行政系统内部的自我调适行为。为了确保对规范性文件审查过程和审查质量不受干扰,亦有建议只赋予在国务院、省级政府、设区的市政府三级政府法制工作机构以审查权。① 这种方式有利有弊,其利在于规范性文件审查议决机关更有权威及更能脱离地方因素干扰,其弊在于基层政府的法制工作部门与基层政府部门之间的互动格局和基层政府法制工作部门行政复议保障机能会明显弱化,而且导致行政相对人被动地选择行政复议机构的现象出现。我们应当考虑到地方法制的亮点在于就地解决问题以及相对低成本运行,可以充分发挥出地方性智慧。② 地方法制生态系统内若想形成良性的法制保障机制,上述的三个保障环节最好是一个也不缺,把规范性文件的审查权交还地方或许是更可行、更利于地方法制长远发展的做法。

四、法制参谋职能

政府法制工作部门在身份上经历了一个变迁过程,起初是将法制工作机构定位为国务院以及各级地方人民政府的直属机构,即它属于政府的内部机构,设于政府之中,协助领导处理行政事务,不能对外发布命令和指示,不能对公民和社会组织进行公共行政管理,也就是不能成为外部行政主体。但随着形势的发展和政府机构组建原则及机制的逐步理顺,政府法制工作部门除了发挥既有的参谋、助手和顾问的作用之外,还增加了新的职责。它所从事的制定、组织实施立法计划,具体协调指导法制工作,监督检查

---

① 方军:《将抽象行政行为纳入行政复议范围的立法构想》,《法学研究》2004 年第 2 期,第 159 页。

② 葛洪义:《地方法制的意义——中央与地方关系的法律化、制度化问题初探》,《学习与探索》2010 年第 1 期,第 75 页。

法律法规执行情况，负责行政复议工作、代表本级政府处理行政诉讼等等多方面的任务和职责，已经涉及多方面的对外行政管理职能和行政权限，而且政府法制工作部门在行使这些职能时处于独立地位而非依附于某个行政机关之下。因而，国务院将法制工作部门定位转变为政府的办事机构，这也宣告了各级法制工作机构是地方政府法制方面的行政管理主体，是一个综合性职能部门，要对本级政府的法制建设的规划、组织、指导、协调和监督检查发挥作用。当前，我们在对政府组织及行为方式的理解上基本上达成了统一看法，那就是政府存在一天，就应当而且必须依法行政一天，这意味着政府法制建设工作是整个政府工作的基础，而承担着政府法制工作推进任务的各级政府法制工作机构的职责是不可或缺的、长期的，而不是临时性的、个别性的。根据各地的实践，地方政府的法制参谋职能体现在以下几个方面：

第一，参与到政府重大决策中，站在政府法制的立场上发表意见。现在各级地方政府推行的行政管理体制和社会管理方式创新、执法体制的调整，涉及多重法制话题，政府法制工作部门不能作为旁观者，而应主动介入。有些地方也做出规定，政府法制工作部门应列席政府办公会和常务会，为各级人民政府领导做出的重要行政决策和行政措施提供有关法律依据和建议，为政府法制工作部门正式进入政策规划和决策领域开辟通道。

第二，在政府出台重要的规范性文件时，就规范性文件的法源、行政权限设置、行政救济方式等重大法律问题提出本部门的意见，对政府各部门起草起草规范性文件提供法制咨询和指导。

第三，主动研究行政实践中带有普遍性的问题，向本级政府提出意见和建议，作为最基层政府的法制工作机构，主要应该研究实施行政执法、审批、处罚、收费等具体行政行为实施当中的规范性事项，以及由于法律规范抽象性而带来的实际执行过程中尺度不好把握，界限不太清楚的现象，向本级政府建言。作为省级、设区的市级的政府法制工作机构，应当在做好上述事项的基础上，进一步考虑本行政区内出现法令、政令统一的问题，使本级和下级政府做出的具有普遍约束性行政行为在认定依据、裁量标准、执行主体、程序、步骤、时限等方面上有统一的规划、一致的步调，避免在同一行政区域内的政出多门、宽严不一。当然，由于地方政府法制工作部门不是独立决策机构，所以它的工作内容应主要是调查研究性的，旨在发现存在的问题，将其提炼并反馈给各级领导，供决策时作为参考，而不宜下绝对化的合法或不合法的结论，或者直接对下级政府或其工作部门发号施令。

第四，对本级政府对外签订的合同、协议进行法律审查，提出法律建议。由于这类合同协议除了带有行政色彩，同时也要遵循民法、合同法等法律的规定，政府法制办公室提供的法律意见不仅要站在政府施政的立场，还需要兼备民事主体活动的角度，仔细地分析可能的法律风险和合同条款的解释方式，避免政府蒙受经济和信誉损失。现在有些地方的人民政府已开始在法制办公室中设置法律事务科室，探索政府法律顾问、公职律师的管理体制，将富有民商事、诉讼法律经验的人士吸收进来，为政府所用。

第五，会商和承办本级人民政府和上级政府法制机构交办的其他工作，履行法律、法规、规章和上级文件规定的其他职责，协助政府的跨部门协调机构、其他办事机构办理信访、维稳、普法等事项，参与应急事项处理等。

政府法制工作部门在发挥参谋作用的同时，还应当开展组织和能力建设，对下级政府法制机构和同级政府各工作部门的法制工作机构的工作进行指导，检查、考核并进行表彰和奖励。组织法制工作机构方面的业务统计、跨地区业务交流以及研讨等活动，互通有无，取长补短，共同提高服务地方法制的能力。

政府法制参谋职能应当向更深的层次扩展，有些地方进行了有益的尝试，但是单纯地走扩机构、补人员的路子强化法制参谋职能是不够的。我们的意见是各级政府法制工作部门应当承担起政府法制绩效的评估主体这一职责。绩效对于我国的政府机关来说并不陌生，也有专家研拟了政府绩效的指标，但当前实施的绩效评估多为较单一的、以问题解决为考核对象的目标责任制和外部公众满意度为主的参与式评价模式，对政府内部管理这一维度比较忽视，对政治和政策过程中的法制运行状态部分的绩效如何衡量以及由哪个部门来进行衡量则探讨得比较少。

首先，我们应当看到，不少发达国家都在政府体制内部推出了衡量绩效的规划，如澳大利亚的文官改革计划（Public Service Reform）、新西兰的行政文化重塑运动（Reshaping Administrative Culture）、英国的续阶计划（Next Step）和公民宪章（Citizen's Charter），美国的政府绩效与成果法（Government Performance and Results Act, GPRA）和全国绩效评鉴（National Performance Review, NPR），美国前总统小布什任内还开展了总统管理议程（President Management Agenda, PMA）与方案审核评等工具（Program Assessment Rating Tool, PART），现任总统奥巴马则针对美国联邦政府治理模式和绩效管理推出一场"宁静革命"（Stealth Revolution），这些与有关国际组织提出的新型公共治理指标架构基本一致，都不同程度地涵盖了政府法制化程度、政府效能、政府响应力、透明化程度、防治贪腐、课责程度及公共参与程度等七大方面。① 其中对于政府法制化程度的评价要求是第一位的，足见其重要性。而且，各个国家在绩效规划的推动过程中围绕着制度设计和法律文件的批准起草了数量庞大的咨询意见、备忘录、规范性文件，这些也主要是由政府中类似我国法制工作部门的机构以及独立委员会制定的。其次，政府的绩效指标调查收集以往是以各部委为单位的调查模式，而现在则强调要进行整合，改为跨部委的调查方式，由相对独立的第三方机构来进行评估。如果条件成熟，可以转到由政府引领，官、产、民、学多方组成的绩效评价组织，而政府法制工作机构由于其独立性和专业性，适宜担当引领政府法制绩效评价的任务。第三，一旦俟政府法制绩效评估提上正式日程，我们就必须考虑评估模式、评估方法以及评估指标的问

① 张四明：《政府施政绩效评估制度之实证分析》，《研考双月刊》第34卷第3期，第12页。

题，和政府其他施政领域的评估相衔接，法制工作评估亦应从行政成效规范性评估、处置过程规范性评估、执行环境规范性评估、施政模式类化评估、具体组织设计评估等方面展开，①在评估过程中要有政府主导法制工作的高层领导官员和法制工作部门负责人员亲自参与设定绩效目标，提出绩效管理的思维，全程参加绩效管理活动，决定选择测量方式，确定测量重点等关键性事项，并出面协调跨部门的绩效设置和观察活动，裁决绩效争议，并且为持续的、不间断的绩效评估活动提供经费和人员上的便利。对于评估指标，实际上我国各级政府法制工作部门已经进行了一些探索，如前文提出的关于行政诉讼、行政复议档案的评鉴以及政府工作人员定期进行的述职活动。广东省韶关市将行政复议工作作为绩效考核的一个视角，规定：对于行政许可、行政处罚、行政强制、行政事业收费、行政裁决等具体行政行为在行政复议、行政诉讼中被撤销、变更、确认违法、责令履行或者被纠正的，属于程序性违法或错误的，涉事行政部门每宗扣 5 分，属于实体性的违法或错误，每宗扣 7 分。这种方法使得行政复议效能在百分制考核中的分数占比大大提升，行政复议绩效与单位评优和年终奖励及个人的评优晋升形成了直接挂钩。② 但现有的指标比较分散，而且是显性的、单一层面的居多，我们需要从政府各部门的法制工作理念、工作人员的法制工作能力素养、常规行政中的法制运用能力、应急状态的法制处置表现、行政相对人对法制工作满意度、上级评估检查和自我评价结果、政府法制工作推广力度、政府法制纠错能力等多个方面进行考虑，来构建比较清晰的、易于操作和推广的法制绩效评估考核机制。

---

① Chen, Huey-Tsyh. (1990). Theory-Driven Evaluations, International Educational and Professional Publisher Newbury Park, London, New Delhi.

② 广东省人民政府法制研究所主编：《政府法制研究》2007 年第 16 期。

第三节　政府法制工作部门的行动原则

地方政府法制工作部门的基本工作立场是围绕着地方政府的施政过程开展，最终服务于地方政府的政治发展和法制进步。地方政府法制工作部门的职能是多元的，我们在此尝试归纳地方政府法制工作部门在能动地促进地方法制发展中需要恪守的几项具有一定普遍性的原则。

一、权限原则

除了坚决执行法律权限的规定，还要谨守地方政府的行政权限以及行政伦理要则。比如，地方政府法制工作部门在服务地方立法过程中要确保向本级权力机关和人民政府提出的立法建议符合立法法、行政法规制定程序条例、规章制定程序条例、法规规章备案条例以及各省、自治区、直辖市人大常委会出台的地方性法规。制定程序条例时，关于制定地方性立法、地方政府规章所必须具备的权限资格要求，法律规范名称、内容要求，法规规范实质内容要求，法律规范起草、通过、备案程序要求，避免违法和越权现象。地方政府法制工作部门在处理行政案件中要根据行政诉讼法、行政复议法等来组织争议案件受理、审理、裁决、宣告送达程序，不能擅自变更或简化。在理解和适用各个层级的法律规定商酌案件的处理结论时，无论是依据强制性规定还是在一定限度内行使自由裁量权，都只能将行政许可法、行政处罚法等法律集群作为审视案件的唯一准绳。在规划地方政府各部门的执法活动、审查地方政府各部门的规范性文件、参与地方政府政策过程中，一方面要把各级各类有效的法律规章作为定调建言的规律，一方面也要遵循地方政府运行过程中基本定型的权力划分原则、决策与参谋的分工和界限，避免越位、占位行使职能。

二、统筹原则

所谓统筹是指综合考虑城乡、区域、经济与社会、人与自然以及国内和对外开放等各项事业的发展需要，统筹政府内部各部门的职能定位、行政资源和施政优势，综合考虑上级政府、上级业务指导部门已有的政策内容和精神，来确定好地方层级的法制发展向度。比如在地方性规范性文件方面，通常是经济类规制文件比较热门，如经济调节、市场监管、产业促进、财税激励、开发区规划等。党的十六大以来，民生成为曝光度最高的词汇之一，无论是政府官员还是普通民众，在关注经济发展的同时，都将更多的注意力投向医疗、教育、社会保障等与民生相关的问题上。社会改革和社会建设的热度大大超过预期，这也为地方政府法制工作部门提供了新的阵地。今后在相当长时期内，地方政府法制活动在继续关注和加强经济建设方面的同时，更应该把视野投向社会管理、公共服务方面的立法。尤其是保障特殊群体如职工、农民的权益，丰富社会保障手段，维护社会稳定与公共安全，加速教育科技文化卫生体育事业发展，加强公众身体健康和生命安全保护，推动资源节约型、环境友好型社会建设、促进行政公开、规范政府行为、加强廉政建设等方面。在地方执法活动方面，过去的重点工作是执法权限的划分、执法资格确认和发证以及执法活动的规范和检查，即围绕着规范执法而开展，而更进一步的工作是推动阳光执法与精细执法。地方政府法制工作部门在执法效能提升的宏大工作中要更多地联合各级政府机关，对公务人员法制和行政素质加以重视并采取实际行动，要帮助推动政府、传媒、群众等多元监督渠道的畅通，更要善于把握各个行政领域、各种行政机构的工作规律和改革时机，和各部门务实地磋商好行政执法体制的设计、调整、升级方案，保持好新旧各种组织体制和实施方略的连贯性和灵活性，做到执法过程和结果与改革发展要求相适应，与行政资源和行政效能相匹配。

三、协调原则

地方政府法制工作部门靠自身力量是无法完成体系庞大、协调面广泛、资源耗费巨大的地方法制工作的，这就需要地方政府法制工作具有协调府内关系和府际关系的智慧和有效行动。以地方性规章和大型规范性文件的起草为例，这项法制工作涉及立项、起草、调研、修订、征求意见、审议等前期后期程序，参与的部门包括地方政府相关部门、法制工作部门、本级和上级地方政府、地方权力机关人民代表大会以及一些民间性力量。法制工作部门在跟踪此项工作时，需要和政府体系内的各个承办部门保持密切的沟通，协调好分工。在实践中一般由政府所属各部门机构具体负责规范性文件草案的起草，各级政府法制工作部门要引导各起草责任单位执行可行的计划，形成具体工作方案，明确责任和进度，投入必要的人力物力保障，确保按时报审草案。在规范文件草案不能按期完成时，要及时了解情况，共同向本级政府做出说明情况；当规范文件草案需要主客观环境必须做出调整变化的，要及时拿出调整意见请示本级政府，牵头提高地方性规范文件制定的工作效率和工作质量。政府法制工作部门同时还要向当地的人民代表大会及其常务委员会、人民代表大会各专门委员会建立好工作汇报和协商机制，确保作为重点项目的立法任务能够及时完成，对列入预备和调研计划的项目，要提前开展调研、考察和论证工作，为正式进入立法程序做好准备。

四、进取原则

通过观察改革开放三十多年来我国在经济建设领域、社会管理领域、行政体制改革领域的创新过程，我们可以发现，地方政府在政策供给体系中发挥着更为独特的作用。在 20 世纪八九十年代我们习惯用“先行者”“试验田”来描述一些在改革开放中先行先试的地方，但它们的实际作用应不局限于此，应当说很多地方政府通过将创新触角伸向改革的前沿领域，做出了很多大胆的尝试。

但地方政府的改革驱动力度不是整齐划一的。在既有的制度限制下，有些地方政府在遇到一些困难、敏感问题时绕道而行，而有些地方政府则善于将从上级获得的权限充分地，甚至超越性地运用。回望改革开放初期，地方性的法制创新活动还是比较蓬勃的，但中间经历了一段较保守时期，而现在随着改革向社会民生领域挺进，地方法制在民生方面，如教育、户籍、社会保障制度方面的灵活性和优越性越来越明显，也给各个地方政府的法制工作部门提供了难得的活动舞台。地方政府法制工作部门在推动一些地方性的法规、地方政府规章、规范性文件以及构架行政执法方案、能动地处理行政纠纷案件过程中，要稳妥而又敏锐地发现和提出上下级政府均能接受的改革最大公约数，扩展地方政府法制的最佳生存空间。

第七章　政府责任机制与行政赔偿

1995 年 1 月 1 日实施的《中华人民共和国国家赔偿法》对保障公民合法权利、规范国家机关行为发挥了不容忽视的作用。《国家赔偿法》在实施十多年后迎来了重大的修改，2010 年全国人大常委会做出了修改《国家赔偿法》的决定，新法自 2010 年 12 月 1 日起施行。政府机关也是国家赔偿的义务机关，主要负责行政赔偿。造成行政赔偿的原因主要是政府机关及其工作人员法律意识淡薄、公仆意识不强，随着我国社会主义法律体系的完善，执法环境的改善和公民法律素质的提高，行政赔偿案件从理论上说将会减少，但不会消失，一些需要承担政府责任的场合都可能涉及行政赔偿。

第一节　行政赔偿的基本理念

行政赔偿涉及政府执法活动与公民合法权益保障的关系，不同的观念直接影响到政府对致害行为的态度。由于受到封建专制传统和官府威权至上观念的影响，有些政府部门对违法执法不敢承认，对赔偿更是讳莫如深，公民对自身合法权益受侵害伸张也不够积极主动，因此，需要明确和宣传国家赔偿的基本理念。

一、归责原则

归责原则是行政赔偿制度中确认侵害行为的必备要件，也是体现一国《国家赔偿法》的法律价值和立法水准的重要标志。综观不同法系国家不同历史时期国家赔偿归责原则的变迁，可以发现，随着经济发展和社会的进步，国家赔偿制度的归责原则逐渐趋向多样化。许多国家不再固守某一个原则，而是往往同时适用过错原则、无过错原则、公平原则等来适应现代赔偿制度的发展与需要。如法国的国家赔偿责任，一开始是建立在公务过失的理论之上，但随着法国国家赔偿制度的逐渐发展，危险责任的范围逐渐扩大，并向无过错赔偿原则的方向发展。[①] 德、日、英、美等国实行以过错原则（主观过错）为归责原则的体系，但近年来危险责任原则的适用也渐显端倪。[②]

（一）违法原则

违法责任原则着重考察行为的外部特征，只要能证明当国家机关或其工作人员执行职务的行为违法，国家就要对其行为造成的损失承担赔偿责任，有利于司法实践的认定与操作。根据学者们的看法，对违法原则要有全面的认识，应该包括：第一，国家机关及工作人员所实施的法律行为违反法律、法规、规章规定；第二，国家机关及工作人员的事实行为违反法律规定，或在法律没有明文规定的情况下违反法的一般原则；第三，国家机关及工作人员具有法定义务而不作为；第四，国家机关及其工作人员滥用职权或者在行使职权时没有尽到合理注意。[③]

（二）过错原则

过错责任有长久的历史，为众多国家的国家赔偿法所采纳。美国《联邦司法法》1346（b）规定："凡联邦政府之任何人员于其职务范围内，因过失、不法行为或不作为，致使人民财产受到损失或人身受到伤亡，美国联邦政府如处私人地位，应依据行为发生地法对受害人负赔偿责任。"日本《国家赔偿法》第1条规定："行使国家或公共团体公权力之公务员，就其职务，因故意或过失，违法损害

① 张正钊主编：《国家赔偿制度研究》，中国人民大学出版社1996年版，第20页。

② 皮纯协、冯军主编：《国家赔偿法释论》，中国法制出版社1996年版，第34—37页。

③ 薛刚凌主编：《国家赔偿法教程》，中国政法大学出版社1997年版，第67页。

他人者，应由国家或公共团体负赔偿责任。”奥地利《国家赔偿法》表述为“故意或过失违法侵害他人财产人格权”时，国家负损害赔偿责任。[①] 在侵权法意义上，违法和过错是相互涵盖，互为表里的。在国家赔偿法中，两者的机理也是相通的，只是由于法律规制的侧重点不同（采纳违法原则的国家着重考察行为的外观，而采纳过错原则的国家着重考察行为人心理状态），形成了不同法律语言在表述上的差别而不是实质上的差别。瑞士《联邦责任法》第 3 条规定：“联邦对于公务员执行职务中不法侵害他人权利者，不论该公务员有无过失，应负赔偿责任。”违法原则和过错原则绝不是“两张皮”的关系，它们之间可以契合。对于一些无法用违法原则进行衡量而行为人存在故意或过失的行政行为，如错误的批准许可行为、错误信息和指导行为、公共管理行为等，可以用过错原则作为归责原则。同时，过错原则也可以在民事、行政司法活动中作为错案赔偿的依据。这两个领域的国家权力行使主要表现为司法行为（裁判行为和执行行为），它不同于行政机关从事的行政管理活动。现代国家一般都承认司法权的权威性，相应地，各国也不同程度地维护司法人员行使司法权的独立自主性。对司法行为的评判不能仅仅看判决和执行结果是否具备合法性，还要看司法人员在行使司法权力过程中有没有违背司法精神和职业操守，有没有故意或者重大过失导致错案错判的情形。把国家赔偿中的民事、行政错案的赔偿责任建构在司法人员有无过错的基础上是符合司法规律的。

（三）无过错原则

源于 19 世纪末的无过错责任引起了侵权法的一场革命。它主要从损害的结果出发，不管侵权行为人主观是否存在过错，均应承担责任。因此，无过错原则又称客观归责原则。台湾地区有学

① 皮纯协、何寿生：《比较国家赔偿法》，中国法制出版社 1998 年版，第 111—117 页。

者认为国家赔偿中的无过错责任是“国家或公共团体及其公务员因行使公权力、执行公务，所形成之特别危险之状态，致人民之权利发生损害，法律不评价其原因、行为之内容，而由国家负损害赔偿之责任”①。法国国家赔偿制度中的“危险责任”“高度危险活动责任”“异常危险活动责任”实质上就是一种无过错责任。在一些具有高度危险性而又关系到国计民生的重要领域，采取无过错原则来判断相应的国家侵权行为，其意义在于以全社会之力来弥补受害人受到的损害，实现社会公共负担的平等。正如美国学者伯纳德·施瓦茨认为：“政府活动的目的是造福于社会，因此而产生的风险也必须由全社会来承担。”②推行无过错原则意味着对《国家赔偿法》中的免责范围进行最大程度的限制，把更多的无过错且无违法，但对公民权益造成实质性损害的国家行为纳入国家赔偿法的范围，对公民受损的权益进行恢复和弥补。因此，国家应考虑对处于高度危险或异常情况下的、经合法拘留或逮捕而后查证无罪的受害人所遭受之损害予以一定补偿。

我国在制定国家赔偿法时采取了违法性的归责原则。《国家赔偿法》第二条规定：“国家机关和国家机关工作人员违法行使职权侵犯公民、法人和其他组织的合法权益造成损害的，受害人有依照本法取得国家赔偿的权利。”该条款中的“违法”一词就完全将国家赔偿的归责原则界定为违法原则。我国国家赔偿法立法时选择违法原则的理由是：(1)同“依法治国”“依法行政”等原则一致，与行政诉讼法规定的行政侵权赔偿责任的归责原则一致，因而有利于法的统一和促进国家机关与国家工作人员依法行使职权。(2)有利于人民行使赔偿请求权。(3)符合我国行政执法与司法审判

① 曹竞辉：《国家赔偿立法与案例研究》，台湾三民书局 1986 年版，第 3 页。

② [美]伯纳德·施瓦茨：《行政法》，承徐炳译，群众出版社 1986 年版，第 78—80 页。

的“以事实为根据，以法律为准绳”的传统。[①]

二、赔偿标准

世界各国的国家赔偿法基本上采取了三种赔偿标准，即惩戒性标准、补偿性标准和抚慰性标准。

我国的国家赔偿标准目前则采用的是抚慰性原则。如《国家赔偿法》第 25 条规定，能够返还财产、恢复原状的，国家予以返还或恢复而不再支付赔偿金；第 26、27 条规定，对自由权损失、生命健康权损失的赔偿，采用法定标准，以国家上年度职工平均工资为基数，而不是以个人实际损失的工资为准；第 28 条第七项规定，对财产损失必须支付金钱的，以直接损失即已经发生的由违法行为直接引起的损失为限，不包括间接损失。这既是立法者基于当时国家的经济条件、国家的财政能力，确定我国国家赔偿还无法做到对受害人进行充分的赔偿，而只能以保障公民、法人的生活和生存的需要为限。

三、法律宗旨基本原则

近年来学界在完善国家赔偿法的具体对策方面的探讨非常多，但讨论国家赔偿法的宗旨则比较鲜见。然而，法律的宗旨是一部法律的灵魂，它们不但是法律理性的体现，也是法律价值取向的最好诠释。就像商鞅变法“移木立信”一样，确立国家赔偿法的宗旨不仅仅是昭示意义，而是为改造整个国家赔偿制度奠定正确的基调。《国家赔偿法》第 1 条规定：“为了保障公民、法人和其他组织享有依法取得国家赔偿的权利，促进国家机关依法行使职权。”这一规定体现了国家赔偿法的直接目的——保护公民、法人、其他组织的求偿权和促进依法行使职权。在此基础上，国家赔偿法还应具备更深层面上的宗旨和精神。

---

① 肖峋：《论国家赔偿立法的几个基本观点》，《中国法学》1994 年第 4 期，第 10 页。

（一）责任政府

它意味着政府必须积极回应、满足和实现公民的正当要求，并承担相应的道德、政治、法律和行政责任。① 贯彻责任政府的理念是理顺国家和公民社会的关系、厘清政府权责的理论前提。传统体制下政府责任缺位，政府权责不对称，政府是“权力政府”“全能政府”，现在我们需要的政府是“责任政府”。不但要求政府“做正确的事”，还要“正确地做事”，要求政府在制度责任和伦理责任两个层面上双双合格，实施民主行政，达到公共行政主体与相对人的和谐与合作。② 在国家赔偿法中植入贯彻责任政府的理念，表明法律要求政府在行使一般性的国家权力时不享有豁免，同时也表明国家赔偿责任不等同于责任追究，履行国家赔偿责任不是令政府机构、官员受责罚和蒙羞，而是行使管理和服务职能过程中分内的而不是额外的责任和义务。

（二）保护人权

保护人权是所有法律的共同底线。在公法领域，保护人权具有特别的意义。现代的行政法所推崇的控权观念抑或是平衡观念都是从侧面来保护人权的，因为这些法律要承载保障公共管理（管制）的功能。而国家赔偿法则不同，它是完全意义上的救济法，就应当理直气壮地申明保障人权的立场，而且在制度上、在实施上要向保障人权的要求倾斜。把国家赔偿法的宗旨锁定在责任政府和人权保护上，国家赔偿的目的就更加清晰。

（三）充分、有效赔偿

抚慰性的赔偿标准只对受害人做出象征性的抚慰，不足以弥补损失，更遑论消除侵害所造成的其他不利的影响，而且没有考虑

① 鲁彦平、肖娜：《略论责任政府及其在我国的实现》，《兰州学刊》2003年第6期，第28—29页。

② 张定淮、涂春光：《论责任政府及其重建机制》，《中国行政管理》2003年第12期，第75—79页。

到在不同区域、不同经济社会环境下实际执行成效的差异。这样，违法行使国家权力的行政机关没有受到应有的惩戒，不能从根本上起到促使和监督国家机关及其工作人员依法行使职权、改进工作作风的目的，也不能确实保障受害人合法的权利和利益。“超低飞行”的赔偿标准大大挫伤了公民、法人和其他组织提起行政诉讼的积极性。为此，应确立充分、有效赔偿的原则，在此原则的指导下采取简便、宽松的归责方法，拓宽赔偿范围，提高赔偿标准，尽可能补偿被害人所受到的损失，能够恢复到受侵害前的状态。在某些类型案件里，除了损失额赔偿之外，还要加上惩罚金额，更大力度地触动国家机关及其工作人员，体现责任政府的要求。

（四）便利诉讼、便利索赔

便利是体现法律的公正与效率的根本要求。国家赔偿法的任务是对相对人进行事后救济，对国家机关的正常活动牵连甚少，因而应当以受侵害人为中心来设计制度和安排程序，充分考虑如何简化国家侵权行为在认定上的程序，如何便利公民行使求偿权。因此，在国家赔偿法中应确立便利诉讼、便利索赔的原则，简化程序，重视排除对侵害人行使权利的各种障碍，避免出现“迟到的公正等于不公正”的现象。

（五）救济途径多样化

救济途径多样化，即在国家赔偿中确保依国家赔偿法可获赔偿的渠道和依特别法可获赔偿渠道并存，给予赔偿与给予补偿的做法相配套。特别法规定的国家赔偿无疑是国家赔偿法律制度的有机组成部分，而补偿则实际上是对国家行政机关及其工作人员在特定情形下实施的合法（或无过错）行为所造成的损害的赔偿。在整个国家赔偿法律制度中，《国家赔偿法》是一般法，规定了应当给予国家赔偿的主要情形，不应排斥用特别法的方式规定国家赔偿的情形，也不应限制其他法律法规对公民、法人、其他组织给予补偿做出规定。另外，解决好国家赔偿制度和民事赔偿制度之间的关系也尤为重要。此处的民事赔偿是指基于民法规范，对国家机关行为符合民事侵权(一般侵权和特殊侵权)行为构成要件而进行的赔偿。学界对国家赔偿法的性质存在着争议,形成了不同的理论派别,各派之间的论争中也涉及了国家赔偿与民事赔偿如何区分,国家赔偿与民事赔偿能否重合等问题。公法论者认为国家赔偿法指向的是公权力造成的侵害,国家赔偿与民事赔偿不同;私法论者认为国家赔偿法在损害赔偿上国家机关与相对人地位平等,与民事赔偿是一致的;折中论者认为国家赔偿法是公法中包含有私法内容,或者认为国家赔偿法带有社会性。① 我们认为,不管《国家赔偿法》姓"公"还是姓"私",它的出发点是用私法手段解决公法侵害,国家赔偿、补偿以及民事赔偿本质上是不矛盾的。理论上的纷争不应影响到国家赔偿的总体原则的确定,即国家的一般赔偿、特别赔偿及补偿都应当配套并行,国家赔偿和民事赔偿能够合理衔接,公民可以基于不同的法律规定,提出不同的权利请求,实现国家对公民权利的一体保护。

第二节　行政赔偿的范围

根据国家赔偿规定,行政机关做出的绝大多数具体行政行为,如果存在违法,侵害公民、社会组织、企业合法权益的,可以要求行政机关做出赔偿。同时,国家赔偿法也列出了几类不适用行政赔偿的情形。

一、抽象行政行为违法不能主张赔偿

在我国行政执法体制中存在着一些规范性"红头文件"。《最高人民法院关于审理行政赔偿案件若干问题的规定》第六条规定:"公民、法人或者其他组织以……行政机关制定发布行政法规、规章或者具有普遍约束力的决定、命令侵犯其合法权益造成损害为

① 张正钊主编:《国家赔偿制度研究》,中国人民大学出版社 1996 年版,第 10 页。

由，向人民法院提起行政赔偿诉讼的，人民法院不予受理。”

二、对公有公共设施致害行为不予赔偿。

我国国家赔偿的范围明确不包括公有公共设施致害。《关于〈中华人民共和国国家赔偿法（草案）〉的说明》对此做出的解释是：“关于邮电、医院等国有企、事业单位，桥梁、道路等国有公共设施，因设置、管理缺陷发生的赔偿问题，不属违法行使职权的问题，不纳入国家赔偿的范围。受害人可以依照民法通则等有关规定，向负责管理的企业、事业单位请求赔偿。”我国目前存在着一些行政机关、单位管理公共设施的情形，如城市建设规划、市政管理、市容监察、道路整修、养护等，对公共设施管理维护具有市场化行为属性。

三、内部行政行为与事实行政行为造成的侵权损害不属于行政赔偿

关于内部行政行为，传统理论认为其是特别权力关系或特别服从关系，基于特别权力关系而实施的行为是自由裁量行为，公务员不得诉请法院救济。德国实务中已采用折中的观点，认为基于特别权力关系实施的行为中，如果能够适用一般权力关系所适用的公法原理，公务员有权向法院请求救济，否则不允许。[①] 行政事实行为，是指国家行政机关及其工作人员，在行使行政管理职权中做出的不以直接设定行政管理相对人权利义务为内容的、不直接产生行政法律效果的行为。行政事实行为既有涉及实体的，也有涉及程序方面的，如发布错误信息、提供错误的指引、对扣押物品的保管行为、对某决定的执行行为等。行政事实行为也会对相对人造成侵害，有的场合这类侵害和具体的行政行为造成的侵害相重合，比如违法的行政强制措施中采用的行政事实行为，有的侵害

---

① ［德］哈特穆特·毛雷尔：《行政法学总论》，高家伟译，法律出版社2000年版，第342—344页。

则是单独存在的，如发布错误信息。

此外，目前行政赔偿的范围只限于直接损害，而不包括间接损害。

第三节 关于企业申请行政赔偿问题的调查和思考

在我国，无论是公司等法人型企业还是合伙企业、个人独资企业等非法人型企业，如果受到国家机关及其工作人员违法实施的侵害而蒙受财产权损失的，都有权申请国家赔偿。《国家赔偿法》中涉及企业的国家赔偿包括两大领域，一是行政机关违法实施的行政处罚、行政许可、行政征收、行政强制措施及其他具体行政行为，包括行政机关及其工作人员违法实施罚款、吊销许可证和执照、责令停产停业、没收财物等行为，违法对财产采取查封、扣押、冻结措施，违反国家规定征收财物、摊派费用以及其他违法造成企业财产损失的行为，等等。二是司法机关违法实施的一些司法行为，包括在民事、行政案件中法院对企业违法采取诉讼保全和强制措施及错误地执行判决、裁定和其他的生效法律文书（如仲裁决定、支付令），还包括在刑事案件侦查审判过程中违法采取查封、冻结、追缴等强制措施，错误地执行罚金，没收财产等刑罚。在此主要讨论行政赔偿问题。

一、企业申请行政赔偿的现状

《国家赔偿法》自 1995 年 1 月 1 日实施以来，对纠正国家机关及其工作人员违法行使职权，维护公民、法人等的合法权益起到了重要的作用，但国家赔偿法的总体实施情况并不理想。据最高人民法院统计，从 1995 年至 2002 年，共受理司法赔偿案件 12853 件，决定赔偿 5072 件。从上述数据可以看出，法院办理的国家赔偿案件实际赔偿率只有 40%。企业申请国家赔偿的情况也同样不乐观，一方面表现在企业申请赔偿的案件在整个国家赔偿案件中占比小，企业在行政错案领域申请国家赔偿情形主要是政府无合法依据吊销企业营业执照、许可证以及乱罚款行为，也包括政府管理部门违法实施行政许可给企业造成损害。另一方面，企业成功获得国家赔偿的难度偏大。如，某外贸公司与某布厂签订了委托加工出口布料合同。合同约定布料质量以商检局出具商检证书为准。某布厂在加工完毕后向商检局报验。商检局派员检验后认定这批布料符合有关标准并出具了该批商品的商检换证凭单。该批布料随即出口美国，但次年被外商以质量问题退回。外贸公司以商检局出具失实商检证书，造成其货款损失及货物运费、仓储费损失，向法院提起行政赔偿诉讼，提出 138.777 万元的国家赔偿请求。法院受理此案后委托纺织原料研究所对该批货物进行了复验，结论为：漏验率指标达 50%，大大超出标准所定 5%。据此，法院认为商检局签发的换证凭单的结论与实际被验货物的情况不符，未能真实反映货物的客观状况，应予撤销，对于违法出具商检证书给出口企业造成的损失应予赔偿。

二、企业申请行政赔偿难的原因分析

目前企业在申请国家赔偿过程中遇到的困难，究其原因是多方面的，既有主观方面的，也有客观方面的，既有国家赔偿法本身存在的问题，也有法律执行中出现的问题，主要有以下几方面：

第一，相当一部分企业关于国家赔偿法律和权利保护意识比较淡薄，应该申请赔偿而不敢或不愿申请赔偿。同时，也有一些行政机关或司法机关对国家赔偿存在抵触情绪，对该赔偿的不愿赔偿，在法律适用问题上有避免承担赔偿责任的倾向。部分地方还存在赔偿经费落实难、赔偿决定执行难的问题。

第二，国家赔偿法内容比较简略。如国家赔偿法只规定了违法性这一归责原则，而没有规定过错责任和无过错责任；国家赔偿法规定的赔偿范围小，对国家机关的事实行为和公有公共设施致害行为等新现象没有相应规定，对民事行政司法中的实体性错误也没有规定赔偿。

第三,国家赔偿的受理程序复杂,国家赔偿法对行政赔偿规定了单独提出及附带提出赔偿请求两种不同的程序,前者还要进行违法的先行确认。对于司法赔偿,国家赔偿法也规定了申请、复议、复核几个层级的程序,导致企业申请国家赔偿耗时费力。

三、提高企业申请行政赔偿成功率的对策

国家赔偿法在本质上是限制公权力任意行使的救济法,其保障对象就是企业等私权利主体。在日常经营活动中,企业不免会同国家机关发生各种法律关系。当企业的合法权益遭到来自国家机关的违法侵害时,企业应当主动拿起法律武器,维护自身的权益。企业若欲成功申请到国家赔偿,应当做好以下几个方面的工作:

(一)掌握好赔偿的时效问题

行政赔偿是一项既有实体规范又有程序规范的法律制度,如果申请人超过了法定的求偿期限才提出申请,将无法得到法律的保护。《国家赔偿法》第 32 条规定,赔偿请求人请求国家赔偿的时效为两年,自国家机关及其工作人员行使职权时的行为被确认为违法之日起起算。这和我国民事诉讼法关于诉讼时效的规定相一致。但应当注意的是,这一规定针对的是单独提起国家赔偿的情形,如果企业在进行行政诉讼或行政复议时同时提出国家赔偿的请求,则应同时遵守行政诉讼和复议关于时效的规定。

(二)理清国家赔偿的程序和对象问题

我国《国家赔偿法》对每一类赔偿的受理机关、受理程序和赔偿义务人的规定都有所不同,不能加以混淆。如果企业申请的是行政赔偿,则有两种赔偿路径。一是单独向实施侵权行为的行政机关提交赔偿申请书,由受理机关做出是否给予国家赔偿的决定。如果受理机关认为不应给予国家赔偿,企业有权向人民法院提起行政赔偿诉讼。另一种则是企业对行政机关的具体行政行为不服,向上级机关提出行政复议或向人民法院提起行政诉讼的过程

中，一并提出要求行政机关因其行为造成的企业财产损失的赔偿申请，由复议机关或人民法院一并审查并做出决定。

（三）注意证据的收集和赔偿申请文书的制作

以往的行政赔偿案例表明，企业在申请国家赔偿之初的准备工作做得越全面细致，申请国家赔偿所耗费的时间和精力就越少，成功获赔的可能性也更大。因此，企业在与国家机关交往的过程中应注意保存好各类文件、账册、接待记录等书面证据，也应注意保存好影像资料等视听证据以及电子证据。在起草赔偿申请书时，应正确地写明受理机关、申请对象、申请事由并准确地引述案件事实和法律规定，做到证据翔实，依据充分。

第四节　完善行政赔偿制度的建议

一、扩充行政赔偿的范围

（一）对部分抽象行政行为造成的损害应予赔偿

当然，就目前我国的现实状况以及操作性来看，将所有的行政法规、规章以及其他规范性文件全部纳入国家赔偿是不现实的。为此，可以借鉴我国《行政复议法》对抽象行政行为一分为二的做法，将规章以下具有普遍约束力的决定、命令纳入赔偿范围，采用违法性归责原则，对于国务院各部门、县级以上地方各级人民政府及其工作部门的规定与上位法规定相抵触以及违反国家法律的基本原则和精神的，一旦予以确认，行政相对人由此所遭受的损失可获得国家赔偿。

（二）对行政事实行为造成的损害应予赔偿或补偿

行政事实行为是辅助性质的行为，不同于具体行政行为，其性质认定比较复杂，尤其是对行为是否违法更加不好判断。宜采用过错性原则作为归责原则，对于行政机关工作人员实施的行政事实行为存在过错给相对人造成损害，并且损害与行政事实行为存在因果关系的，应给予国家赔偿。对于少数既不违法也无过错的行政事实行为致损的，可以考虑由实施该行为的行政机关给予受害人一定的补偿。

（三）有条件地对内部行政行为造成的损害做出赔偿

应该明确的是，国家赔偿法无意介入国家机关的内部事务，但对于公务人员受到的侵害，也应得到像普通相对人一样的保护。对以下情形的内部行政行为国家赔偿法应当关注并给予救济：首先，内部行政行为违法并得到依法确认。其次，内部行政行为侵犯了公务人员的人身权、财产权、劳动权等合法权益，并造成了损害。再次，公务员无法通过行政程序得到救济。不过，对于内部行政行为的赔偿，不同于一般意义上的行政赔偿，宜在公务员法等特别法中加以规定。

（四）对公有公共设施造成的损害应予以赔偿

日本《国家赔偿法》第2条第1项规定："因道路、河川，或其他公共营造物之设置或管理有瑕疵，致他人受损害时，国家或公共团体对此应负赔偿责任。"台湾地区1981年的《国家赔偿法》第3条也规定："公有公共设施因设置或管理有欠缺，致人民生命、身体或财产受损害者，国家应负损害赔偿责任。"另外如德国、法国、英国、美国、韩国等许多国家，都通过成文法或判例的形式确认公有公共设施赔偿。笔者以为，公有公共设施设置和管理的欠缺应当根据过错原则追究相关行政部门及其人员的责任，并将其造成的损害纳入国家赔偿的范围。而对于具体案件的责任认定，可适用过错推定，令国家机关承担证明自身有无过错的举证责任。对于处于政府监管下，危险程度高、涉及重大公众利益的要害领域，如核能设施造成损害的，可以在涉及这些事项的特别法中，根据无过错的归责原则，由政府对受害人给予赔偿。

二、行政赔偿程序应该向简明化、规范化、诉讼化方向发展

对于行政赔偿案件的处理程序有两个不同的思路：其一，酝酿设立集中处理行政赔偿的专门机构，从体制上保证行政赔偿案件的公正。改变目前赔偿义务机关在行政赔偿中既做确认人、又做赔偿义务人的双重角色，改由专门机关确认行政违法和赔偿金额。这一机构类似于韩国的赔偿审议会制度，专门受理受害人对行政机关违法行使职权行为的投诉，并进行调查、听证，做出赔偿决定。对其做出的决定不服的，受害人可以向法院提出行政赔偿诉讼。受害人不再通过行政复议的途径提出赔偿请求，但可以通过行政诉讼法附带提出赔偿诉讼。

其二，废弃行政先行处理程序。国家赔偿实践中，单独向赔偿义务机关提出赔偿请求的情形主要有两种可能：一种是由于行政诉讼和复议的受案期限较短，受害人出于某些原因耽误了法定期限(间)，不能提出行政复议和诉讼。另一种是由于受害人认为违法事实比较清楚，索赔金额也不大，希望能够简便地索赔。如前所述，行政先行处理程序的公正和效率是令人怀疑的，而且行政机关的先行确认对其后的行政赔偿诉讼的审理也起不到多大的帮助和促进作用。因此，应当允许受害人直接向法院起诉赔偿义务机关，单独提出赔偿请求。法院在向行政机关送达应诉文书时，可以责令其在开庭审理前对涉诉行为是否违法、应否赔偿做出确认，在庭审过程中对行政机关的决定进行审理，确定受害人国家赔偿的请求能否成立。

三、改革赔偿金支付方式

现行的赔偿金计算标准是以国家上年度职工日(年)平均工资为基准，这个标准无法区分各地区经济发展程度、行业和职业性质的差异，不能体现使受害人得到充分、有效的赔偿的基本原则。应该采取多元的计算口径，既可以以受害人同等情况下可得收入为

基准;也可以以同行业(职业)、相似工作条件下的其他人的收入为样本,进行加权平均,推算出参照标准;对于难以精确统计受害人收入的,也可以根据受害人近期或同期纳税情况来推算其收入。

在确定侵犯公民生命健康权的赔偿标准时,可参照《最高人民法院关于审理人身损害赔偿案件适用法律若干问题的解释》中关于赔偿数额的规定,并取消赔偿总额的立法上限性规定,改由审理案件的法官自由裁量。同时可以部分引入惩罚性赔偿原则,对于国家机关及其工作人员故意违法或严重过失行使职权造成损害的,在承担正常的赔偿责任外,还应承担一定的惩罚责任,以起警示作用。

至于赔偿金的支付方式,有论者提出,将财政预算列支的赔偿费用转入独立的赔偿基金,交由独立的基金委员会管理,赔偿请求人可以凭赔偿协议书、决定书或判决书直接从该基金中申领。① 我们赞同这种由相对独立的非政府组织来监督、管理国家赔偿专用款项的做法,避免赔偿义务机关因担心被追究当事人和部门领导责任,采取拖延不赔或者从其他渠道支付赔偿款,从而有利于解决受害人申领难、法院执行难等问题。

四、国家赔偿费用的管理应做到专门化、科学化

根据我国国家赔偿法的规定,国家赔偿的方式主要是金钱赔偿。国家赔偿费用的筹集、理算、支付、管理、审计等环节是一项专业性很强的工作,同时涉及法律及财会领域。目前规范国家赔偿费用的法律法规主要有《国家赔偿法》和国务院制定的《国家赔偿费用管理办法》,部分省市也制定了本地的国家赔偿费用管理办法。在推进依法治国,建设和谐社会的过程中,国家赔偿费用不但应该依法管理,而且还要进行专业化的管理,充分发挥财务会计部门的职能作用。

---

① 周晓旭:《浅谈国家赔偿费用支付方式的完善》,《行政与法》2004 年第 4 期。

（一）改良国家赔偿费用的筹集和负担体制

国家赔偿经费的筹措是一种内部性的制度设计，尽管它应当考虑国家赔偿的责任主体和义务主体方面的问题，但不能对公民行使正当的求偿权造成实质性的妨碍。有学者呼吁，当前较佳的国家赔偿费用筹集机制应由中央和省级两级财政进行统筹，以省为主，中央财政对部分经济欠发达省份给予一定的支持。笔者赞同这一思路。就长远而言，可以考虑将财政预算列支的赔偿费用转入一个独立的国家赔偿基金，也可以探索由政府筹措为主，辅之以向保险机构投保责任险，既利用政府财力，又发挥保险分散风险的功能。

在赔偿金的支付方式上，理顺由赔偿义务机关先行支付和由财政机关核付的关系，对于赔偿义务机关无力支付的，可以特事特办，启动财政机关直接支付赔偿金的“绿色通道”。也可以考虑由财政机关委托相对独立的非政府组织来办理国家赔偿的做法，赔偿请求人可以凭赔偿协议书、决定书或判决书直接向管理单位申领。

（二）健全国家赔偿费的监督和审计工作

国家赔偿费用是国家预算管理的一部分，应严格遵循有关的法律和财经纪律，当前需要加强的几个方面是：第一，建立国家赔偿费用使用的统计制度，设计相关的报表，全面地采集数据，明确数据报送采集单位的职责和义务。第二，建立国家赔偿费用信息公开制度，通过政府公报、政府网站或者政府年鉴、白皮书等方式向社会各界详细披露国家赔偿费用的流向。第三，建立国家赔偿费用的专项审计制度，发挥审计机关的作用。第四，加强对国家赔偿费用管理中违法违纪行为的监察，并发挥新闻舆论监督的作用。

行政赔偿制度作为一项担负着纠正行政机关错误、补救公民利益损失的重大责任的制度，在我国这个“官本位”传统深厚，公私主体地位严重不平衡的国度确立和发展，其难度可想而知。要实现“有侵权必有救济，有损害必有赔偿”，发挥国家赔偿制度输出正义机制和平衡公私利益功能，也不是一朝一夕的事情。我国的行政赔偿需要与时俱进，在立法理念上、具体制度上、实际执行中不断创新，在立法者、执法者、受该法调整的国家机关和公民、法人组织的共同捍卫下，实现保护人权、规制行政权力的崇高使命！

后　记

全面依法治国，建设社会主义法治国家是党和国家的基本战略，是实现中华民族伟大复兴的重要保障，也是法学工作者们执着追求的目标。千里之行，始于足下，全面依法治国要靠政府、社会、民众的践行，以点滴之举汇成河海之势，要从地方法治努力做起，进而在全国形成燎原之势。浙江省是法治建设的先行地区，法治浙江的理念提出已有十年时间，在钱江大地上掀起了众多法治政府、法治社会建设的热潮，对法治建设中积累的经验、面临的困难、前进的方向，法学工作者有责任加以分析、反思、建言。浙江省社科联主持开展的"法治浙江"丛书编撰活动提供了宝贵的机会，我们有幸受命编著政府法制与法治浙江专题。在编写过程中，我们参考了近年来国家、浙江省、地市县出台的政策法规，走访了多地的党委政府，参阅了大量的学术研究成果，追溯政府法制的源头，梳理政府法制的成就，探究政府法制的领导力量和保障制度，回应政府法制的热点问题，展望政府法制的发展方向，将相关内容集成一书，以盼为法治浙江建设添薪加柴。

本书写作过程中得到了浙江省社科联、宁波大学法学院领导、专家们的悉心指导，浙江工商大学出版社吴岳婷编辑对图书的出版付出了辛勤劳动，宁波大学法学院研究生刘新、李杨华、陈璐、侯培娟等同学积极帮助收集资料、讨论提纲，分工调研，为本书成稿付出了很多的辛劳，在此一并表达诚挚的感谢！

由于作者对法治浙江建设及政府法制工作的认识层次较为有限，书中的观点、表述存在不足，谨望以此抛砖引玉，吸引更多人士关注法治浙江进程、投身法治浙江建设，共圆法治梦！

作者

2015 年 12 月